TATORTE UND TÄTER

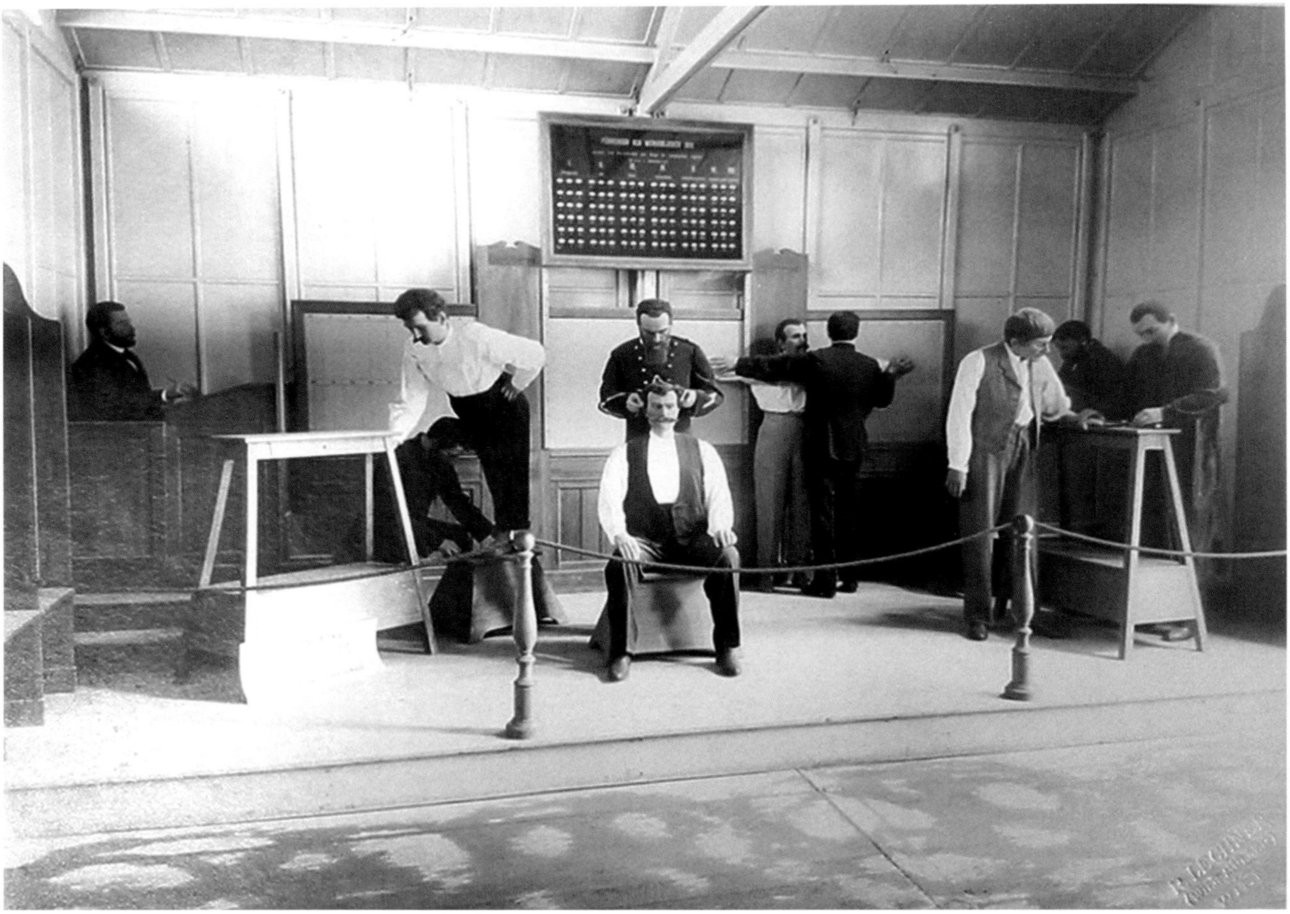

„Anthropometrisches Zimmer“ zur Identitätsfeststellung nach dem System Bertillon; Ausstellungsraum bei der Jubiläumsausstellung 1898 im Wiener Prater. Photo R. Lechner, dessen Firma die Polizeiateliers ausgestattet hatte.

WALTER MENTZEL
TATORTE UND TÄTER

POLIZEIPHOTOGRAPHIE IN WIEN
1870 – 1938

ALBUM

Autor und Verlag danken dem BM f. UKK und der Kulturabteilung d.Gemeinde Wien, MA 7 für die Unterstützung.

H. Seemann und Chr. Lunzer OEG
Seilergasse 19
A-1010 Wien
Produktion: ebv:gmbh, 1160 Wien
Herstellung: REMA*print*, 1160 Wien

Printed in Austria
ISBN 978-3-85164-163-9
Bildnachweis
Sammlung Ch.L.Wien: S. 35, 82-83, 95, 118-119
Landesarchiv Salzburg S 74
Alle übrigen: Archiv der Polizeidirektion Wien.
Umschlag: Handabdruck des Mörders Franz Heyny, Mord an Leopoldine Reiter, 10. 3. 1905.

Inhaltsverzeichnis

Bildteil

DIE EINSATZGEBIETE DER FOTOGRAFIE IM POLIZEILICHEN ERKENNUNGS- UND SICHERHEITSDIENST, IHRE MUSEALISIERUNG UND DER DOKUMENTATION[1*]

Die Grundlage dieser Arbeit bildet der historische Fotobestand des Archivs der Bundespolizeidirektion Wien,[1] die Überreste eines ursprünglich größeren Fotobestandes. Der Großteil der überlieferten Fotos sind Dokumentationsserien, die das politische Geschehen und die kommunale und städtische Veränderung Wiens festhalten. Ab den 1920er Jahren treten vermehrt Dokumentationen über interne polizeiliche Veränderungen und Entwicklungen hinzu, sowie Fotografien, die zu Ausbildungs- und Schulungszwecken hergestellt wurden. Die Dokumentationsserien wurden häufig durch Einfügung älterer Fotografien ergänzt, womit eine historische Interpretationsarbeit geleistet wurde: ein Versuch, „Geschichte" herzustellen. Ausgangsort der Dokumentationstätigkeit war das Erkennungsamt und die darin integrierte Abteilung für Lichtbildsammlung bzw. das daran angeschlossene Polizeimuseum. Fotografische Arbeiten des Erkennungsamtes sind nur in einem geringen Ausmaß überliefert. So fehlen die gesamten erkennungsdienstlichen Arbeiten, wie die daktyloskopische und anthropometrische Sammlung, über deren Umfang und Gehalt nur mehr schriftliche Quellen Auskunft geben.

Polizeiarchive führen in vielfältige Diskurse über den Wandel gesellschaftlicher Bedrohungsbilder und deren Wahrnehmung ein. Sie archivieren die Stadien der Technisierung der sozialen Kontrolle und der Verbrechensbekämpfung und zeigen uns die Beziehung der Polizei zu politischen und gesellschaftlichen Entwicklungen und die Stellung, die sie in diesem Spannungsverhältnis einnahm. Für Historiker stellen Polizeifotografien eine besondere Herausforderung dar, handelt es sich bei diesen Fotoproduktionen um ursprünglich inhaltlich stark aufgeladene Zeugnisse mit vielschichtigen Bedeutungsebenen, denen jedoch häufig die Überlieferungshintergründe fehlen. Dies ist vor allem darauf zurückzuführen, dass Fotoarchive aus der Provenienz

Photographien aus dem Wiener Verbrecher-Album.

„Photographien aus dem Wiener Verbrecheralbum.“
In Holzschnitt reproduzierte Photographien zu einem Aufsatz von Maximilian Huybenesz in der Zeitschrift
„Die Gartenlaube“, Nr. 29, 1876.

Das alte Polizeigefangenenhaus in der Theobaldgasse, 1905 in das neue Gebäude an der Rossauer Lände übersiedelt.

Saal des Erkennungsamtes mit den Bildern aus dem Verbrecheralbum

der Polizei meist nur mehr bruchstückhaft erhalten sind. Die Ursachen dafür sind mannigfaltig: Polizeifotografien wurden in erster Linie, vor allem wenn sie personenbezogene Belange generierten, zur Beweisführung angefertigt. Danach verloren sie rasch ihre ursprüngliche Bedeutungsmacht und wurden nicht selten schon von den Verwaltungsorganen vernichtet. Darüber hinaus unterstanden sie ausschließlich und bis heute der polizeilichen Verfügungsgewalt und blieben häufig der archivarischen Sorgepflicht entzogen. Politische Umbrüche und Kriegsereignisse sind ebenso verantwortlich für die mangelhaften Überlieferungstraditionen wie die durch die Auslagerung von Polizeiarchiven hervorgerufene Trennung der Fotografien von ihren schriftlichen Bezügen.

Folgender Beitrag legt seinen zeitlichen Schwerpunkt auf die Jahre zwischen 1880 bis 1914, jene Phase, in der die Fotografie sich bei der Polizeiarbeit durchsetzte und auf vielfältigen Gebieten angewandt und weiterentwickelt wurde. Während für die Entwicklung der Fotografie im Dienste der Kriminalistik seit der zweiten Hälfte des 19. Jahrhunderts als Ursache entweder das Aufkommen eines mobilen internationalen Verbrechertums oder rassenbiologische Präferenzen und Interessen von Kriminalisten und Juristen bei der Täter- und Häftlingsfotografie vorgegeben wird, zeigen die schriftlichen Quellen, dass vielmehr Migration, Urbanisierungsprozesse, der Versuch der Herstellung der sozialen Kontrolle in den Städten, aber auch immer mehr über den ländlichen Raum, sowie die Bekämpfung politischer und sozialer Bewegungen die wesentlichen Motivation darstellten. Die Entwicklung der Fotografie bei der Polizei war aber nicht nur von den aktuellen Sicherheitsdiskursen und Bedrohungsszenarien bestimmt, sondern bot auch Raum für Projektionen und schloss Zukunftsvisionen mit ein. Die große Erwartung, die in die Möglichkeiten der Fotografie zu dieser Zeit gesetzt wurde, zeigt eine folgende Aussage des Erkennungsamtes der Polizeidirektion Wien aus dem Jahr 1904: *„Das moderne photographische Objektiv sieht alles, merkt sich alles und ermöglicht, dass selbst nach Jahren alles wahrheitsgemäß jedermann plastisch vor Augen tritt."*[2]

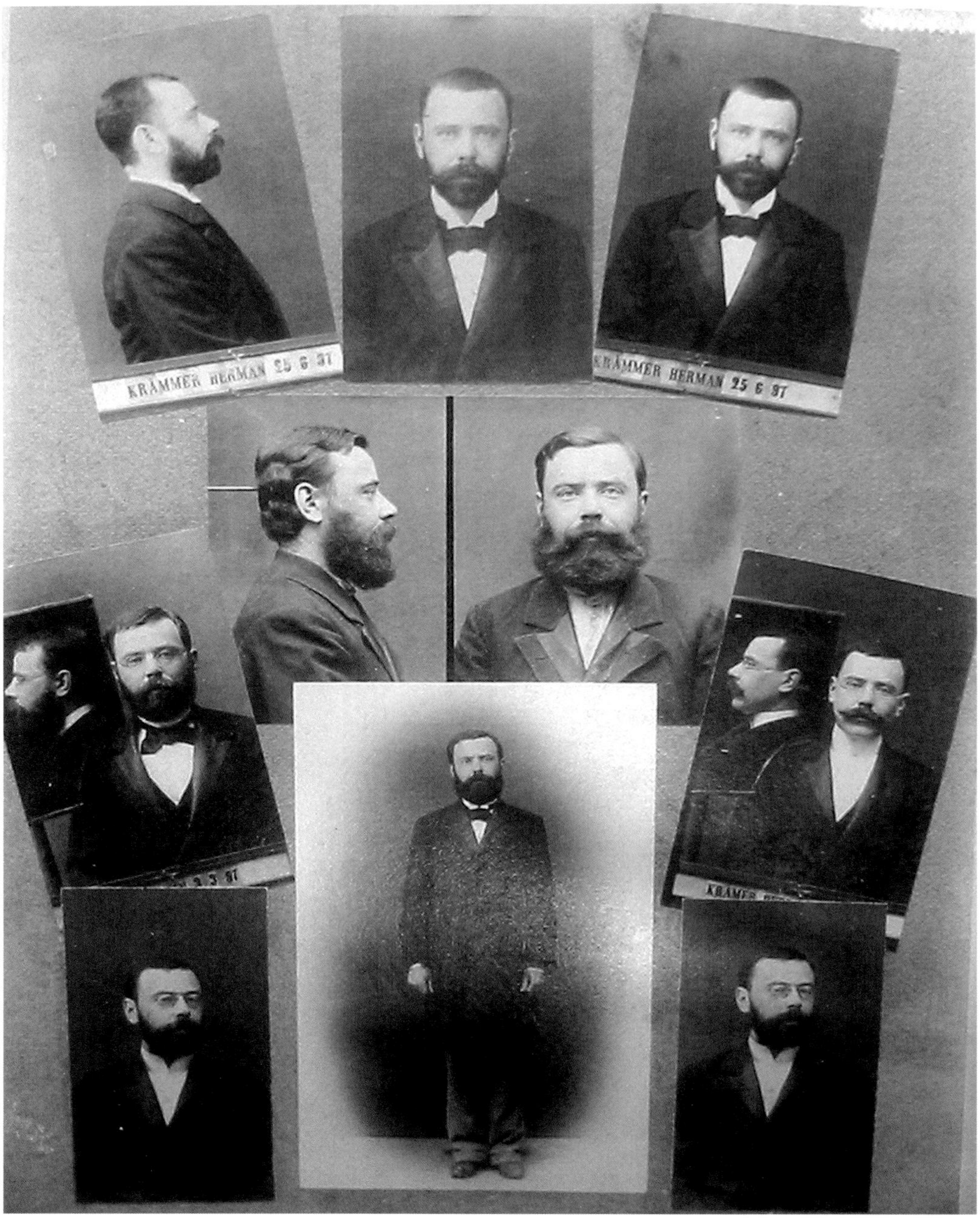

Herman Krammer, recte Michael Mendel Judkin, 35 Jahre alt, aus Jeletz, Gouv. Orel, geb. m., led., wegen Defraudation von 30.000 Rubel aus Moskau steckbrieflich verfolgt. In Wien als Krammer festgenommen, wurden, da Zweifel an seiner wahren Identität bestanden, während der 2jährigen Haft von ihm Fahndungsfotos aufgenommen, verbreitet und so seine Identität hergestellt.

Die ersten Versuche europäischer Polizeibehörden, die Fotografie einzusetzen, gehen in die 1840er Jahre zurück. Ab 1880 begann ausgehend von Frankreich eine Diskussion über den Nutzen der Fotografie für die Identifizierung von Personen und dafür internationale Standards zu entwickeln.[3] Der Fotografie kam bei der Modernisierung und Verwissenschaftlichung der Polizeimethoden und der kriminalistischen Arbeit seit der Mitte des 19. Jahrhunderts eine wesentliche Bedeutung zu und stellte für das europäische Sicherheitswesen eine Revolution dar, versprach sie doch eine höhere soziale Kontroll- und Überwachungskapazität und eine effizientere Verbrechensbekämpfung. Vor allem die Kriminalistik, die sich als „wissenschaftliche" Disziplin aus einer Kombination verschiedener Forschungsrichtungen im letzten Drittel des 19. Jahrhunderts etablierte, bediente sich der Fotografie und verhalf ihr zu einem raschen Aufschwung. Gefördert wurde diese Entwicklung durch die im 19. Jahrhundert sich herausbildenden Kooperationen der Polizeibehörden über die Staatsgrenzen hinweg.[4]

Die Wiener Polizeifotografie hatte an diesem Prozess einen nicht unwesentlichen Anteil, der dazu führte, dass zwischen 1900 und den 1930er Jahren die Polizeidirektion Wien auf dem erkennungsdienstlichen Gebiet internationale Anerkennung erfuhr und ihr von zahlreichen europäischen und außereuropäischen Polizeibehörden eine Vorbildwirkung beigemessen wurde.

Für diese Entwicklung war eine Reihe von Faktoren verantwortlich. Zunächst lässt sich seit den 1880er Jahren ein öffentlicher Druck zur Herstellung umfassender Sicherheits- und Überwachungskonstruktionen gegen soziale „Randgruppen", und gegen die politische Opposition feststellen. Damit verbunden kam es zu veränderten Wahrnehmungen von Kriminalität (besonders der internationalen Kriminalität und beim Aufbau von Bedrohungsbildern), das auch die Präventionskonzepte der Polizei bestimmte und schließlich zur Herausbildung einer „politischen" Polizei führte. Technisierung, Urbanisierung, Migration und die Herstellung von Öffentlichkeit durch die Presse förderte die Bestrebungen zur Eigenständigkeit der Kriminalpolizei und der politischen Polizei. Dieses sich wandelnde Selbstverständnis der Polizeiorganisationen, das ein wesentliches Charakteristikum – vor allem für die Polizei in den Metropolen – darstellte, verband sich mit dem Wunsch zur Herstellung einer polizeilichen Autonomie und weitreichender Handlungsoptionen zur Durchsetzung moralischer und politischer Normen.[5] Dieses Phänomen traf besonders auf die Polizeidirektion Wien zu. Die Gründe, dass die Polizeifotografie hier seit den 1880er Jahren einen rasanten Aufschwung nahm, sind vielfältig:

Personenaufnahme nach Bertillon:
für die k. k. Polizeidirektion Wien. Konstruiert von Fa. R. Lechner, Wien.

Zunächst kam der Polizeidirektion Wien innerhalb der österreichischen Reichshälfte der Monarchie in sicherheitspolizeilichen Belangen eine über Wien hinausreichende Bedeutung als zentrale Sicherheitsbehörde mit weitreichenden Aufgabengebieten und Befugnissen zu, deren Machtfülle sie 1918 in die Republik hinüberretten konnte. Diese Konzentration und Monopolstellung in sicherheitspolitischen Fragen waren die Grundlage, die die fototechnischen und methodischen Entwicklungen auf kriminal- und erkennungstechnischem Gebiet förderte, die enge Verstrickung mit dem militärischen Nachrichtendienst begünstigte und das Interesse an einer Zusammenarbeit mit ausländischen Polizeiorganisationen anregte.

Durch die seit den 1860er Jahren eintretende Stadterweiterung, den ab den 1880er Jahren einsetzenden Industrialisierungsschüben mit ihren Folgen der sozialen und politischen Verwerfungen und Konflikten und die rasante Zunahme der Bevölkerung Wiens[2*] schufen das Bedürfnis, eine Kontrolle über die Zuwanderung, den Zuzug, und über die Bevölkerung der städtischen Ballungszentren herzustellen.

Neben den Aspekten der Mobilität förderten die sich verschärfenden Nationalitätenkonflikte und die politischen und sozialen Auseinandersetzungen die Bestrebungen zur Verfolgung und Überwachung durch erkennungsdienstliche Methoden: Diese umfaßten, neben der Entwicklung von Identifizierungsmethoden, die Schaffung von Registratur- und Archivierungssystemen.

Besonders hervorzuheben ist die Bedeutung des von 1918 bis 1929 amtierenden Wiener Polizeipräsidenten, Bundeskanzler (1921/1922, 1929/1930) und mehrmaligen Bundesministers und Nationalratsabgeordneten der Republik Österreich, Johannes Schober: Schober kam, wie viele seiner europäischen Kollegen, die zwischen 1900 und den 1930er Jahren Karriere machten, aus dem staatspolizeilichen Apparat. Bis 1909 war er für den Personenschutz zuständig, darauf war er der Staatspolizei im Innenministerium zugeteilt. Nachdem er im Sommer zum Polizeipräsidenten der Polizeidirektion Wien bestellt worden war, wurde er im Dezember 1918 zum Leiter des gesamten öffentlichen Sicherheitsdienstes in Österreich ernannt, wobei er sich in der Gründungsphase der Republik innenpolitisch als stabilisierender Faktor für die Regierung erwies. In seiner Funktion als Wiener Polizeipräsident formte er in den 1920er Jahren die Polizei zu einer innenpolitischen Kraft – nicht zuletzt um seine politischen Ambitionen umzusetzen. Unter seiner Führung wurde aus einer traditionell konservativ geprägten Beamtenschaft eine in ihrem Selbstverständnis über den demokratischen Institutionen stehende politische Ordnungsmacht. Seine staatskonzeptionelle Vorstellung entsprach der eines modernistisch und funktionell gestalteten Obrigkeitsstaates. Innenpolitisch förderte er zur Erreichung dieser Ziele rechtsextreme Kräfte durch Unterstützung der Heimwehren und die Integration der nationalsozialistischen Liste in seinem bei den Nationalratswahlen kandidierenden „Schober-Block". In diesem Sinne konzipierte er auch die Polizeidirektion Wien. Er verfügte über enge Kontakte zu militärischen Nachrichtendiensten, baute in der Zwischenkriegszeit einen nachrichtendienstlichen Apparat auf, den er auch für seine innenpolitischen Zwecke nutzte. Mit der 1920 eingerichteten politischen Zentralevidenzstelle versuchte er, eine zentrale Informationsstelle mit dem Ziel zu schaffen, über die „politische Tätigkeit der eigenen Staatsbürger sowie auch der Ausländer fortlaufend" Informationen zu sammeln.[6] Während seiner Amtszeit wurde in den 1920er Jahren die Polizei auf dem Gebiet der Ausbildung und der technischen und nachrichtendienstlichen Methoden grundlegend modernisiert: Die massive budgetäre Aufstockung und umfassende Militarisierung der Polizei sollten schon früh die Auseinandersetzung mit der sozialdemokratischen und kommunistischen Opposition vorbereitet werden.

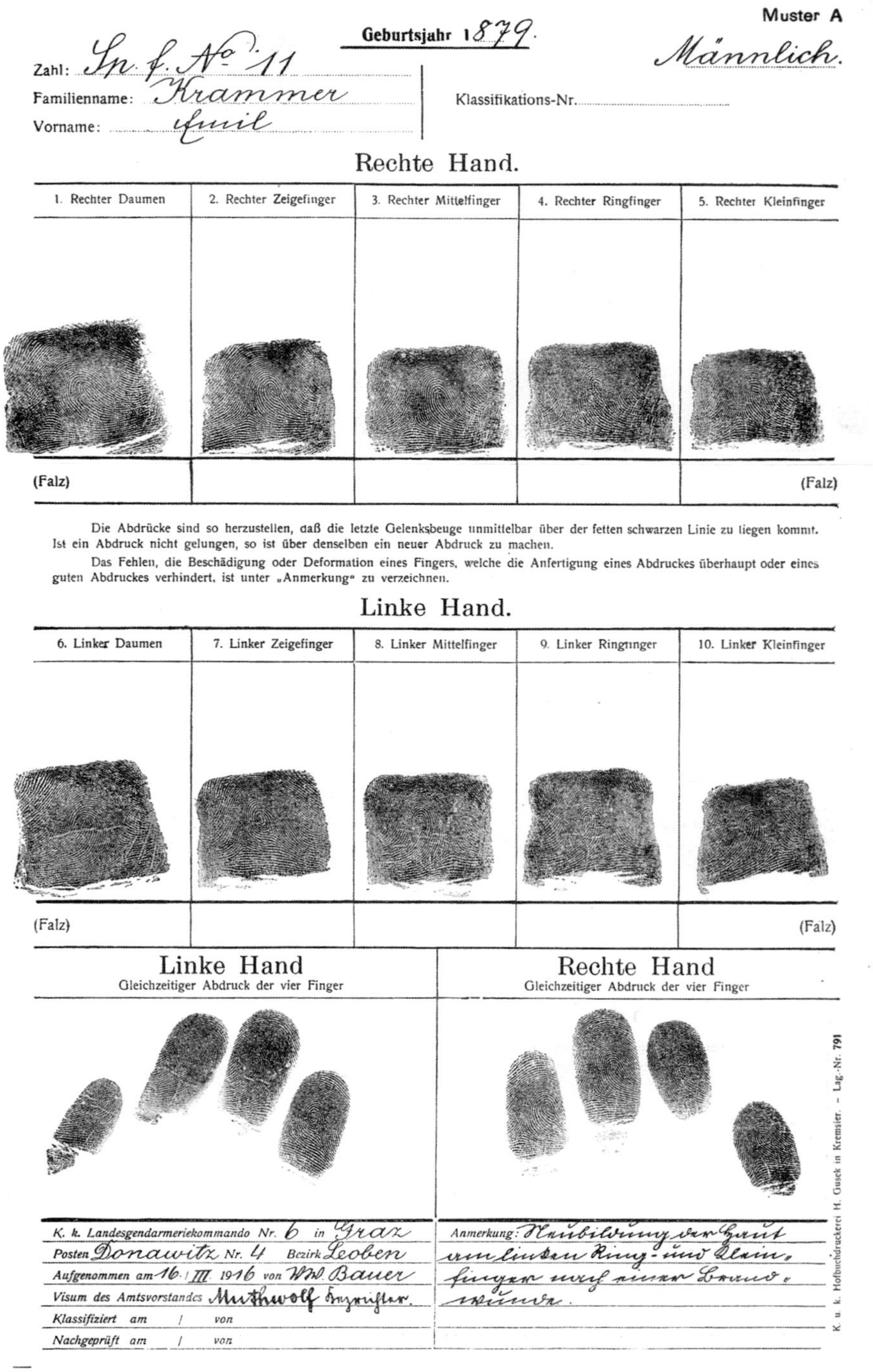

Muster A

Zahl: Sp. f. No 11

Geburtsjahr 1879.

Männlich.

Familienname: Krammer

Vorname: Emil

Klassifikations-Nr.

Rechte Hand.

1. Rechter Daumen	2. Rechter Zeigefinger	3. Rechter Mittelfinger	4. Rechter Ringfinger	5. Rechter Kleinfinger
(Falz)				(Falz)

Die Abdrücke sind so herzustellen, daß die letzte Gelenksbeuge unmittelbar über der fetten schwarzen Linie zu liegen kommt. Ist ein Abdruck nicht gelungen, so ist über denselben ein neuer Abdruck zu machen.

Das Fehlen, die Beschädigung oder Deformation eines Fingers, welche die Anfertigung eines Abdruckes überhaupt oder eines guten Abdruckes verhindert, ist unter „Anmerkung" zu verzeichnen.

Linke Hand.

6. Linker Daumen	7. Linker Zeigefinger	8. Linker Mittelfinger	9. Linker Ringfinger	10. Linker Kleinfinger
(Falz)				(Falz)

Linke Hand Gleichzeitiger Abdruck der vier Finger	Rechte Hand Gleichzeitiger Abdruck der vier Finger

K. k. Landesgendarmeriekommando Nr. 6 in Graz
Posten Donawitz Nr. 4 Bezirk Leoben
Aufgenommen am 16. / III. 1916 von Wm. Bauer
Visum des Amtsvorstandes Muthwolf Bezirksrichter.
Klassifiziert am / von
Nachgeprüft am / von

Anmerkung: Neubildung der Haut am linken Ring- und Klein-finger nach einer Brand-wunde.

K. u. k. Hofbuchdruckerei H. Gusek in Kremsier. – Lag.-Nr. 791

„Fingerabdruck-Kartei" zur Identifizierung. K. k. Polizeidirektion Wien, 1905.

Die Polizeifotografie in Wien von 1870 bis in den Jahren 1895/98

Die ersten fotografischen Einrichtungen der Polizei in der Monarchie entstanden zunächst in Wien, danach in Prag und Krakau. Die erste Fotoaufnahme im Auftrag der Wiener Polizei soll aus dem Jahr 1858 stammen und einen Strafgefangenen gezeigt haben.[7] Gesichert ist, dass 1869 mit der Errichtung der k.k. Sicherheitswache an der Wiener Polizeidirektion und mit der unmittelbar darauf folgenden Reform der Polizei durch den Polizeipräsidenten LeMonnier (1870 –1873) es zu einem ersten Einsatz der Fotografie kam. LeMonnier, der die Einrichtungen der Staatspolizei, Sicherheits- und Gerichtspolizei, und der Administrativpolizei schuf, legte damit auch die Basis für die weitere Entwicklung der Fotografie in den neu geschaffenen Polizeistrukturen. Ebenso gesichert ist, dass bereits in den 1860er Jahren die Fotografie für die Polizeibehörden als Mittel zur Identifizierung und zu Überwachungszwekken diskutiert worden war. So wurde 1864 angeregt, Wiener Prostituierten Kennkarten mit Lichtbild vorzuschreiben.[8] Gesichert ist ebenfalls, dass die ersten Aufnahmen von Personen durch die Polizeidirektion Wien in deren Gründungsjahr 1870 durchgeführt wurden; als Vorbilder dienten die „Verbrecher-Alben" der Londoner und New Yorker Polizei.[9] Wie bei der Einführung der Daktyloskopie 30 Jahre später, wurden als Gründe hohe Zuwanderungsraten, die rasche städtebauliche Erweiterung Wiens und der Anstieg der Kriminalität angeführt.[10] Im selben Jahr verfügte die Polizeidirektion auch erstmals mit einem Erlass, Personen in Haftanstalten oder Personen, die für eine Wegweisung und Abschiebung vorgesehen waren, erkennungsdienstlich zu fotografieren.[11] Damit wurde die Grundlage für die zehn Jahre später sich etablierende Häftlingsfotografie gelegt. Eine der ersten Gefangenenanstalten, die angewiesen wurde, ihre Fotografien der Polizeidirektion Wien zu überlassen, war die Gefangenenanstalt in Stein.[12] Von hier gelangten sukzessive Häftlingsfotografien nach Wien, wo sie in das bereits zentral eingerichtete Verbrecheralbum des Sicherheitsbüros Eingang fanden. Ein Jahr später folgte auch das Justizministerium mit einer Weisung an die Strafanstalten, obligatorisch Häftlinge zu fotografieren.[13] In den folgenden Jahren wuchs das Wiener Verbrecheralbum zu einem der größten polizeilich-fotografischen Sammlungen Europas. 1895 umfasste es zirka 15.000, zwei Jahre später mehr als 20.000 Fotografien.[14]

Der erste 1870 namentlich erwähnte Fotograf, der für die Polizei im Polizeigefangenenhaus der Polizeidirektion Wien seine Arbeit an den Häftlingen verrichtete, war der Privatfotograf F. Münzinger.[15] Generell ist festzuhalten, dass in der Zeit zwischen 1870 und 1898 eine Reihe privater Wiener Atelierfotografen für die Polizei und in den Gefängnisanstalten die fotografischen Aufgaben übernommen hatten. Wie weit diese Arbeiten gingen und welche Aufgabengebiete diese umfassten, ist wenig bekannt. Die Beschäftigung von privaten Fotografen war innerhalb der Polizei jedenfalls umstritten. Ab der Mitte der 1890er Jahre wurde schließlich mit der Ausbildung eigener Polizeifotografen begonnen, da die Fotografie immer mehr auf sicherheits- und staatspolizeilichem Gebiet angewandt wurde. Diese enge Zusammenarbeit zwischen privaten in der zivilen Öffentlichkeit stehenden Fotografen und der Polizei erfolgte wegen des mangelhaften fototechnischen Know-hows und der fehlenden fotografischen Ausstattungen der Polizeibehörden und wurde in den 1880er Jahren in der gesamten Monarchie praktiziert. Im Fall des langjährigen Mitarbeiters der Polizeidirektion Wien, dem Atelierfotografen Ludwig Hölbling, der auch als Fotograf bei k.k. Militär-Fachbildungsanstalten tätig war, lässt sich auch zeigen, dass es sich dabei um ein durchaus lukratives Geschäft handelte. Vermutlich war er durch die von ihm in Wien bekannt gewordene „Visitkartenfotografie“, die sich für eine rasche und massenhafte Anfertigung von Häftlingsportraits eignete, der Polizeidirektion Wien attraktiv erschienen. Sein Leumund dürfte jedenfalls weniger für seine Mitarbeit ausschlaggebend gewesen sein, war er doch 1862/63 in einem Gerichtsverfahren wegen unerlaubten Reproduzierens von Kunstwerken verurteilt worden.[16] Ihm folgten 1891 wieder der frühere Polizeifotograf und Sicherheitswachebeamte Alois Lukiewicz

Hugo Schenk, Porträt, „im Gefangenenhaus gemacht“, von L. Höbling, Carte de Visite, Jänner 1884.
Im 19. Jahrhundert konnte die Presse Fotografien nur in Nachzeichnungen, als Holzschnitte oder Lithographien drucken. Originalfotos, „wahrheitsgetreu“ von besonders notorischen Verbrechern und Verbrecherinnen waren, im kleinen Carte de Visite-Format, oft als Raubkopien, beliebte Souvenir- und Sammelartikel.
Hugo Schenk brachte in Zusammenarbeit mit seinem Bruder Franz und dem Schlosser Karl Schlossarek arbeitswillige Dienstboten (6 Damen und 2 Herren) im Wald nicht zur versprochenen Anstellung (oder Heirat), sondern um Leib und Leben. Der Prozess, der für ihn mit dem Todesurteil endete, war vor allem wegen der Persönlichkeit des Angeklagten ein großer Publikumserfolg.

Julie Malvine Ebergeny von Telekes vergiftete am 24.11.1868 die Ehefrau ihres Geliebten, des Grafen Gustav Chorinsky, in München mit Arsenik. Der Mord in „besten Kreisen“, der Graf war Sohn des Statthalters von Niederösterreich, erregte naturgemäß großes Aufsehen. Anonyme Carte de Visite (Raubkopie).

und Eduard Scholz nach.[17] Während über andere Wiener Atelierfotografen nur Vermutungen angestellt werden können, lassen sich die engen Kooperationen mit der Szene der Atelierfotografie auch in den Gefangen- Arbeits- und Frauenanstalten in den Kronländern der Monarchie nachweisen.
Eine erste organisatorische wie personelle Institutionalisierung der Fotografie bei der Wiener Polizei erfolgte spätestens 1873/74 durch die Errichtung der „Photographischen Anstalt" in der Polizeidirektion Wien, in der bis 1882 der Polizeiinspektor Alois Luciewicz als Polizeifotograf arbeitete und zu Beginn seiner Tätigkeit jährlich zirka 150 Fotografien angefertigt hatte. 1876 umfasste der gesamte Fotobestand der Polizeidirektion Wien bereits über 7.000 Aufnahmen. Zwischen 1883 und 1890 übernahm der Atelierfotograf Ludwig Hölbling von ihm die Agenden der Häftlingsfotografie.[18]

Das erste „Atelier", im Polizeigefangenenhaus Theobaldgasse.

In den 1880er Jahren lassen sich in der Monarchie noch keine zusammenhängende und unter einer zentralen Patronanz geführten erkennungsdienstlichen Arbeiten nachweisen. Trotzdem entwickelte sich durch den technischen Fortschritt auf dem Gebiet der Fotografie und der internationalen vor allem aus Frankreich ausgehenden Diskussion über die von Alphonse Bertillon entwickelten Identifizierungsmethoden, in der Monarchie ein personelles und institutionelles Netzwerk heraus, das sich in den 1890er Jahren verdichtete und zu den ersten Gründungen erkennungsdienstlicher Einrichtungen führte. Verschiedene Personen und Institutionen wirkten zunächst voneinander abgeschlossen und selbstständig auf dem Gebiet der Entwicklung von Identifizierungsmethoden oder der fototechnischen Weiterentwicklungen. Eine dieser Personen war der Gerichtsadjunkt aus Litschau und spätere Gerichtssekretär in Olmütz/Mähren, Paul Friederich: Paul beschäftigte sich seit der Mitte der 1880er Jahren mit der gerichtlichen Fotografie und als einer der ersten in Österreich-Ungarn mit der Rezeption und der Weiterentwicklung der Anthropometrie nach dem System Bertillon, dessen Einführung er schon vor 1895 vehement einforderte. Bekannt wurde er durch eine Reihe von Studien zur

Personenidentifikation, der Anwendung der Fotografie im Strafrechtsverfahren und bei der Gerichtsmedizin.[19] Wurden seine Initiativen in den 1880er Jahren von der Wiener Polizeidirektion noch abgelehnt, so nahm er 1897 neben dem Leiter der staatspolizeilichen Evidenzstelle und späteren Leiter des Erkennungsamtes, Camillo Windt, als Vertreter des Justizministeriums am Anthropometrischen Kongress in Berlin teil. Der zu dieser Zeit einflussreiche Universitätsprofessor und Jurist Hanns Gross, zu dessen engen Kreis er zu diesem Zeitpunkt bereits gezählt haben dürfte, setzte sich jedenfalls für ihn ein.[20] Ebenso bekam er in der von Gross herausgegeben Zeitschrift „Archiv für Kriminal-Anthropologie und Kriminalistik" breiten Raum, wo er sich auch als Kenner der internationalen Entwicklung der Polizeifotografie auswies, und seine Beiträge von Gross positive Rezensionen erfuhren. Eine weitere Person, die sich in diesem Zeitraum mit der Fotografie als erkennungsdienstliches Instrumentarium beschäftigte, war der in Graz lehrende Mediziner und Privatdozent für Physiologie, Oskar Zoth. Auf Grund seiner Initiativen wurde in der Strafanstalt Marburg/Maribor die Anthropometrie eingeführt.[21] Diese noch unkoordinierten Aktivitäten beweisen den Stellenwert, die der Suche nach verlässlichen Identifizierungsmethoden und der Fotografie insgesamt zu dieser Zeit von den mit der Strafrechtspflege und der Verbrechensbekämpfung beschäftigten Personen wie Kriminalisten, Fototechnikern, aber auch zunehmend Medizinern und Psychiatern zugemessen wurde.

Camillo Windt
Leiter des
Erkennungsamtes
1899-1905

Die Vereinheitlichung und Systematisierung der erkennungsdienstlichen Methoden waren seit der Mitte des 19. Jahrhunderts auf internationalen Polizeikonferenzen wie der „Kongresse für Strafwesen", der „Kriminalanthropologische Kongress", jener der Gerichtsmedizin, oder auch später die Tagungen der „Internationalen kriminalistischen Vereinigung" Diskussionsgegenstand. In Wien lassen sich seit den 1870er Jahren anhand der Erlässe der Polizeidirektion Wien diese Entwicklungen nachzeichnen und die vermehrte Anwendung der Fotografie auf immer mehr Einsatzgebieten der Polizei feststellen.[22]

In einem Bericht des Erkennungsamtes aus dem Jahr 1903 wurden die Betätigungsfelder der Polizeifotografie skizziert, wie sie schon seit den 1870er Jahren ansatzweise erfolgt waren. Dazu zählten die Aufnahmen von „Straßenereignissen" wie Demonstrationen und Straßenaufläufen, die Aufnahmen von Häftlingen in Straf- Zwangs- und Frauenanstalten, Tatbeständen sowie deren Vervielfältigung, Reproduktionen von Schriftgütern, internen Schulungsmaterialien, die Anfertigung von topografischen Kartenwerken, Vergrößerungen von Aufnahmen, versteckte „unauffällige" Momentaufnahmen und Aufnahmen aus „großer Höhe".[23] Diese Aufzählung beschreibt bereits das Ziel einer vollständigen fotografischen Erfassung von Spuren jeder Art, der Abbildung des öffentlichen Raums, der Kategorisierung, Vervielfältigung, Archivierung und der Herstellung von Austauschverhältnissen. Die Festhaltung von Details, wie sie in der massenhaften Archivierung von Fingerabdrücken zum Ausdruck kommt, die Abgleichung mit internationalen Polizeiorganisationen, die rasche Verfügbarkeit in einem Registratursystem und die großflächigen Aufnahmen städtischer Strukturen geben einen Einblick in die Gedankenwelt der erkennungsdienstlichen Spezialisten im ausgehenden 19. Jahrhundert.
Die in den 1870er Jahren sich langsam herausbildenden Einsatzgebiete der Fotografie kam zunächst aus den staats- und sicherheitspolizeilichen Bedürfnissen (Anarchistenbekämpfung in den 1880er, die fotografische Erfassung von „Zigeunern", und die Häftlings- und Tatortfotografie).

Häftlingsfotografie

Strafgefangenenanstalten, Zwangs- und Frauenanstalten waren seit den 1870er Jahren jene Orte, wo die Fotografie erstmals eingesetzt wurde. In den 1880er Jahren kam es sukzessive zu deren Einführung in den Anstalten und zur systematischen und massenhaften fotografischen Erfassung von Gefangenen in der Monarchie, wobei erstmals auch das Justizministerium und das Innenministerium sich aktiv an der Einführung der Fotografie beteiligte. 1887 wurden die Anstalten vom Justizministerium angewiesen, ihre Häftlinge obligatorisch zu fotografieren.[24] Im selben Jahr wurden auch die k.k. Strafanstalten angewiesen, ihre Fotografien, besonders jene von „Eigentumsverbrechern“ und Anarchisten, der Polizeidirektion Wien zu übermitteln.[25] Begründet wurde deren Zentralisierung mit der verstärkten Mobilität der Bevölkerung und der starken Einwanderung in die Hauptstadt Wien.[26] Hier wurden auch schon in den 1880er Jahren mit neuen Methoden der fotografischen Aufnahmetechniken und der Identifizierung experimentiert. So wurde seit 1892 in den Wiener Männerstrafanstalten Häftlinge nach dem System von Spearman – unter Benützung eines Spiegels, der es ermöglichte, das Profilbild zusammen mit dem En-face Bild aufzunehmen, fotografiert, die in den Strafanstalten der Kronländer rasch Eingang fand.[27]

Tatortfotografie

Zwischen 1870 und 1880 wurden — zunächst noch ohne Wissen der Polizeidirektion Wien — von Beamten einzelner Wiener Polizeikommissariate Verbrechensopfer und Tatorte fotografisch festgehalten.[28] Als diese Fotografien im Jahre 1880 bei einer internen Inspektion auffielen, kam es zu ersten Überlegungen hinsichtlich einer systematischen Archivierung und zentralen Erfassung.[29] Dies ist deswegen bemerkenswert, weil sich daraus eine Traditionslinie entwickelte, die ab den 1890er Jahren unter dem Einfluss der Anthropometrie zu einem Spezialgebiet der Wiener Polizeifotografie wurde. So gehörte es seit den späten 1890er Jahren zum Standard der Wiener Polizei, mit speziellen Fotoapparaturen Aufnahmen von Tatorten und Leichen mit hohem technischen Aufwand durchzuführen, um eine exakte und unverzerrte Abbildung zu erzielen.[30] Diese Aufnahmen erhielten bei der Gerichtsmedizin und innerhalb der Kriminalistik einen immer bedeutenderen Stellenwert. Sie gehören zu den ältesten überlieferten Aufnahmen der Polizeidirektion Wien.[31]

„Terrorbekämpfung", die Kontrolle sozialer „Randgruppen" und die Internationalisierung der Polizeiarbeit

In den 1880er Jahren wurden in Wien erstmals Zivilbeamte für die Überwachung der städtischen Arbeiterbezirke eingesetzt und Gasthäuser, Versammlungsstätten oder Lesesäle überwacht.[32] Die Überwachung von „Ausländern", russischen oder italienischen Anarchisten und Sozialrevolutionären, die Kontrolle von Arbeitslosen und nicht sesshaften Personen, der Kampf gegen den internationalen „Mädchenhandel" und die Sammlung von Fotografien von „Zigeunern" gehörten seit den 1880er Jahren zu den Arbeitsfeldern der Polizeifotografie.

Vor allem die zu dieser Zeit häufig durch Verfolgungen und Ausweisung erzwungene Migration von politischen Aktivisten der Arbeiterbewegung unter anderem in die Vereinigten Staaten von Amerika oder Frankreich, sowie die Einreise von politisch Verfolgten aus Russland oder Osteuropa, ließ die Fotografie als Überwachungs- Kontroll- und Identifizierungsinstrument für die Polizeidirektion Wien als Polizeibehörde mit einer überregionalen Bedeutung attraktiv erscheinen. Dabei entwickelte die Polizeidirektion Wien den Eifer von ausländischen Polizeiorganisationen Bildmaterial unterschiedlichsten erkennungsdienstlichen Inhalts zu bekommen. Gleichzeitig wurde zu dieser

Zeit in Wien erstmals massenhafte Fotoaufnahmen von „verdächtigen" Personen durchgeführt und Registratursysteme entwickelt. Anlass war die in den 1880er Jahren aufkommende anarchistische Propaganda, die die Regierungen und weite Teile der Bevölkerung in Europa und Nordamerika in Sorge vor einer politischen Destabilisierung und Erosion der bürgerlichen Ordnung setzte. Der Anlaß für die ersten Anarchistenverfolgungen war die Ermordung des russischen Zarens Alexander II im März 1881. Das Vorgehen des Deutschen Reiches zwischen 1878 und 1890 gegen „Sozialisten" gehört ebenso in diesen Kontext, wie die Ermordung der österreichischen Kaiserin Elisabeth in Genf (1898) durch einen italienischen Anarchisten. Auf Drängen Deutschlands, Russlands und Österreichs fand diese Zusammenarbeit ihren Höhepunkt im Herbst 1898 mit der internationalen „Anti-Anarchistenkonferenz" in Rom. Auch hier war das Ziel, den Ausbau der polizeilichen Kooperationen und die Schaffung nationaler Zentralestellen zur Erfassung erkennungsdienstlicher Personaldaten zu forcieren.[33] Kooperationen dieser Art fanden seit den 1880er Jahren statt und hatten die Angleichungen der Polizeimethoden, der Strafgesetzgebung und die Herstellung von Austauschbeziehungen von erkennungsdienstlichen Daten zum Inhalt.[34] 1895 wurde ein solches Abkommen zur „politischen Verbrechensbekämpfung" zwischen Österreich-Ungarn, Bayern und Sachsen geschlossen.[35] Vorläufiger Höhepunkt dieser Kooperationen vor dem Ersten Weltkrieg war der erste Polizeikongress in Monaco im Jahre 1914, auf dem die Einführung internationaler Erkennungskarten beschlossen wurde.[36]

In der Regel pflegten europäische Polizeiorganisationen zu dieser Zeit den direkten informellen Informationsaustausch ohne Einbeziehung staatlicher Zentral- und Regierungsstellen. Dies traf im besonderen Ausmaß auf die Wiener Polizeidirektion zu, die seit den 1880er Jahren über österreichisch-ungarische Botschaften im Ausland Regierungs- und Polizeistellen um Bereitstellung von Fotografien ersuchte. Auf erkennungsdienstlichem Gebiet blieb von den 1880er Jahren bis um 1900 das Innenministerium häufig von den Aktivitäten der Polizeidirektion Wien uninformiert und musste nachträglich um Infor-

mationen bei der Polizeidirektion Wien nachfragen. 1907 stellte das k.u.k. Ministerium des Äußeren über die Jahre hindurch gepflogene Praxis des Informationsflusses fest, dass die „Polizeibehörden Anfragen, die nicht politischer oder sonst heikler Natur sind, im Interesse der Beschleunigung und Vereinfachung oft unmittelbar an die ausländischen Sicherheitsbehörden richten [...].“[37] Als Drehscheibe dieser erkennungsdienstlichen Materialien fungierten k.u.k. Botschaften, Gesandtschaften und Kontaktpersonen im Ausland, besonders Frankreich/Paris oder USA/Pittsburg, von wo in den 1880er Jahren von ausgewiesenen oder geflüchteten Anarchisten Portraitfotos bezogen wurden.[38] Dies ließ erstmals in Wien die Idee aufkommen, eine zentrale Sammelstelle von Fotografien politisch Verfolgter -[39] im damaligen Sprachgebrauch: „Staatsgefährliche“ Personen oder Anhänger der „Revolutionspartei“ - aufzubauen. Die Erfolge der Wiener Polizei wegen ihres in den frühen 1880er Jahren rigorosen Vorgehens gegen die sozialistische und anarchistische Opposition wirkten vorbildgebend, und führten in den 1880er Jahren auch erstmals zu den Versuchen der Polizeidirektion Wien, eine dauerhafte internationale Kooperation mit ausländischen Polizeiorganisationen in Gang zu setzen. Das erste Ergebnis war in den folgenden Jahren das Zustandekommen einer engen Zusammenarbeit zwischen Wien, Berlin und St. Petersburg.
Der erste massenhafte Einsatz der Fotografie für staatspolizeiliche und erkennungsdienstliche Zwecke in Wien lässt sich exakt mit dem Jahr 1884 datieren und erfolgte mit der Ausrufung des Ausnahmezustandes am 10. Jänner 1885 und der darauf beginnenden „Anarchistenverfolgung“ in Wien, in den Industriezentren Niederösterreichs und in den nordböhmischen Industriegebieten. Diese wurden schon länger vorbereitet und erfolgten wegen der zahlreichen wirtschaftlichen Kämpfe in den Jahren 1882/83, wie dem Ausstand in der nordböhmischen Kohlenindustrie oder den „Schuhmacherkrawallen“ in Wien. Den unmittelbaren Anlass bot die Ermordung der beiden Polizeibeamten Hlubek und Blöch in Wien durch die Anarchisten Hermann Stellmacher und Anton Kammerer um die Jahreswende 1883/84. Die unmittelbaren Fol-

gen waren, Massenverhaftungen, Ausweisungen und der erstmalige massenhafte Einsatz der Fotografie von Verhafteten, Verurteilten und zur Ausweisung bestimmten Personen.

Mit diesen fotografischen Aufnahmen wurde im Jahr 1883 begonnen. Dafür stellte die Polizeidirektion Wien bis 1890 den bekannten Wiener Atelierfotografen Ludwig Hölbling zur Aufnahme von Häftlingen. Als Grund für die Anstellung eines professionellen Fotografen wurde die im Dezember 1884 vom Innenministerium getroffene Entscheidung, alle wegen „sozialrevolutionären Umtrieben" abgestraften Personen und aus Wien ausgewiesenen Personen zu fotografieren, angeführt.[40] Die Zahl der fotografischen Aufnahmen wuchs unter Hölbling auch tatsächlich sprunghaft an. Wurden in den Jahren vor 1882 zirka 150 Portraitaufnahmen gemacht, erreichte sie 1883 bereits die Zahl von 300 und schließlich im Jahr vor der Verhängung des Ausnahmezustandes bis September 1884 bereits 740 Aufnahmen und unmittelbar zu Jahresbeginn 1885 bereits 9.610 Fotografien, inklusive Reproduktionsarbeiten.[41]

Doppelmörder Rudolph Grill. Im Holzschnitt vervielfältigtes Fahndungsfoto.

Die Anarchistenverfolgungen und massenhaften Ausweisungen aus Wien und Niederösterreich wurden auch zum Anlass genommen, die internationalen Beziehungen der Wiener Sicherheitsbehörden zu europäischen und außereuropäischen Polizeibehörden auszubauen. So wurde unmittelbar mit der Verhängung des Ausnahmezustandes der Austausch von Fotografien politisch verfolgter und ausgewiesener Personen mit Berlin und St. Petersburg beschlossen. Mit den Regierungs- und Polizeistellen in St. Petersburg, London Brüssel, Bern u.a. wurde Kontakt aufgenommen, um diese von den „Vorteilen, die sich durch eine fotografische Aufnahme solcher Individuen für den Überwachungsdienst ergeben, aufmerksam [zu] machen".[42] Zu diesem Zeitpunkt wurde durch eine Verfügung des Innenministeriums die Polizeidirektion Wien als zentrale Sammelstelle von Fotografien politischer Häftlinge aus den Kronländern unter Einbeziehung jener einschlägigen Fotografien, die aus dem Ausland bezogen werden konnten, eingerichtet.[43] Die erkennungsdienstliche Behandlung von Anarchisten, Oppositionellen, Vaganten und auch zunehmend von „Zigeunern“ seit dem Jahr 1883 lenkte auch erstmals die Wiener Polizeidirektion, namentlich das an das staatspolizeiliche Büro angeschlossene Evidenzbüro, ihr Interesse auf die Frage der systematischen Personenidentifizierung.

Die Gründung des Wiener Erkennungsamtes und die Einführung der Anthropometrie

1895/96 entstand im Umfeld der Polizeidirektion Wien ein Netzwerk von Personen, das sich aus Beamten der Bürokratie, innovationsfreudigen Mitabeitern der Polizei, jungen, technisch versierten Fotografen der Graphischen Lehr- und Versuchsanstalt und Wissenschaftern und Praktikern auf dem Gebiet der Kriminalistik zusammensetzte. Dies bedeutete auch gleichzeitig das Ende der Privat- und Atelierfotografen als Mitarbeiter der Polizei. Die Erfolge auf dem Gebiet der Häftlingsfotografie, der Tatortfotografie, in der Gerichtsmedizin sowie die Erwartungen, die in die anthropometrischen Identifizierungsmethode gesetzt wurden, ließen Mitte der 1890er Jahre den Ruf nach einer eigenen erkennungsdienstlichen Stelle laut werden. Die Anstöße, die zur Institutionalisierung der Polizeifotografie führten, kamen von zwei Seiten: Von der Wiener Photographischen Gesellschaft und ihrem Präsidenten Josef Maria Eder, der über gute Kontakte zu Regierungskreisen verfügte und auf dessen Veranlassung 1895 Bertillons Standardwerk „La photographie judiciaire avec un apendice sur la classification et l’identification anthropometriques“ übersetzt worden war,[44] und vom Evidenzbüro der Polizeidirektion Wien und dessen Vorstand Camillo Windt, der 1897 nach einer Studienreise zu Bertillon in Wien die Anthropometrie eingeführt hatte. Die Einführung der bertillonschen Identifizierungsmethode fand Unterstützung beim Justizministerium und ging vor allem auf das Betreiben von Hans Gross und Paul Friedrich zurück. Die unmittelbaren Resultate dieser Initiativen waren die Errichtung einer neuen Organisationseinheit mit dem Schwerpunkt Fotografie, das Erkennungsamt,

„Atelier der k.k. Polizei-direktion Wien, eingerichtet von der Firma R. Lechner in Wien“

das als Wiege der Polizeifotografie gelten kann, und die Herausbildung eines neuen Berufsbildes: das des Polizeifotografen. Das Erkennungsamt wurde aus dem Evidenzbüro, einer nachrichtendienstlichen Abteilung der Wiener Staatspolizei in der Polizeidirektion, herausgelöst. Der Vorstand des Evidenzbüros, Camillo Windt, wurde zum Leiter des neu errichteten Erkennungsamtes ernannt. Um 1900 arbeiteten vier Fotografen in dieser Abteilung der Polizeidirektion Wien.[45] In das Erkennungsamt integriert war von Beginn an das „photographische Atelier", das neben kriminalistischen und gerichtsmedizinischen Arbeiten sicherheits- und staatspolizeiliche Aufgaben nachging.

Holzschnitt-Illustration in der Tagespresse nach Polizeifotografien.

Das im April 1898 eingerichtete Erkennungsamt, das den Zusatz „Zentrale für den anthropometrischen Dienst im Inland" führte,[46] hatte zunächst seinen Sitz in einer heruntergekommenen ehemaligen Stallung im Wiener Polizeigefangenenhaus in der Theobaldgasse.[47] In dieser Organisationseinheit wurden nunmehr als primäre Aufgabenziele genannt: Die Herstellung von Identifikationssysteme auf der Basis der Anthropometrie und der Fotografie Auskunft über Personen geben sollten. Der unmittelbare Anlass zur Gründung einer erkennungsdienstlichen Abteilung bei der Polizeidirektion Wien war ein Jahr zuvor im Juni 1897 durch die erste anthropometrische Polizeikonferenz in Berlin erfolgt, wo die Einführung der Anthropometrie in Deutschland beschlossen worden war.[48]

Das Wiener Erkennungsamt bestand am Beginn der Aufnahme ihrer Tätigkeit aus zwei Abteilungen, die sich mit der Messung von Menschen nach dem bertillonschen System, der Sammlung von Material für den Aufbau von Verbrecheralben und der Herstellung von Tatbestandsaufnahmen widmeten. Daraus ging in den 1920er Jahren die Lichtbildsammlung hervor. Das Team bestand zunächst aus nur drei Mitarbeitern: Ferdinand Scholz und Rudolf Köchler unter der Leitung von Emil Wrbata.[49] 1904 wurde durch eine Geschäftsordnungsänderung das bislang in das Sicherheitsbüro integrierte Verbrecheralbum dem Erkennungsamt zugeteilt. Ein Jahr später kam es zur Gründung der Handschriftensammlung, die 1923 dem Erkennungsamt angeschlossen wurde.[50] 1907 wurde vom Ministerium des Inneren durch eine Amtsordnung das Erkennungsamt neu strukturiert. In nunmehr drei Abteilungen waren die Gebiete Daktyloskopie, Verbrecheralbum und die fotografische Abteilung zusammengefasst.[51] Dieses Amt war von Beginn an als Zentralstelle für die gesamte österreichische Reichshälfte der Monarchie eingerichtet worden, stand in engem Kontakt mit ausländischen Polizeiorganisationen und verfolgte das Ziel, Wien zu einem Zentrum der Kriminal- und Nachrichtendienste zu machen. Dieses Anliegen zeigt sich an den zahlreichen Studienreisen durch Europa und an den gepflogenen Kontakten zu europäischen Polizeiorganisationen und deren Leitern wie zu jener in Madrid[52], zu A. Minovici, dem Leiter der Gerichtsmedizin in Bukarest, Rodolphe A. Reiss von der Universität in Lausanne, oder zu N.A Kosloff, dem Leiter des Erkennungsamtes und der photographischen Abteilung in St. Petersburg, vor allem aber zu den Polizeibehörden in Berlin und Dresden.

Die Methode der bertillionsche Anthropometrie wurde von 1898 bis 1903 in Wien, vornehmlich im Wiener Landesgericht,[53] angewandt. Die Wiener Polizeidirektion verwendete die Anthropometrie bis 1910; ab diesem Zeitpunkt wurde nur mehr das Verfahren der Daktyloskopie angewandt. Auch bei der Einführung der Anthropometrie zeigten sich die Bestrebung, Wien zu einer internationalen Drehscheibe erkennungsdienstlichen Datenmaterials zu machen. So wurde als erste Aktion des Erkennungsamtes von Camillo Windt mit dem St. Petersburger Erkennungsamt ein regelmäßiger Austausch anthropometrischer Daten eingeleitet.[54] 1899 wurde ein internationaler Tauschverkehr auf der Basis einer gemeinsamen Geschäftsordnung angeregt und unter anderem mit Großbritannien, Dänemark, Schweden, Norwegen, Spanien, Belgien, den USA, Schweiz, Argentinien, Brasilien und einigen anderen Städten in Übersee mit anthropologischen Einrichtungen Kontakt aufgenommen, um eine Standardisierung der Messverfahren und Austauschbeziehungen erkennungsdienstlichen Materials herzustellen.[55]

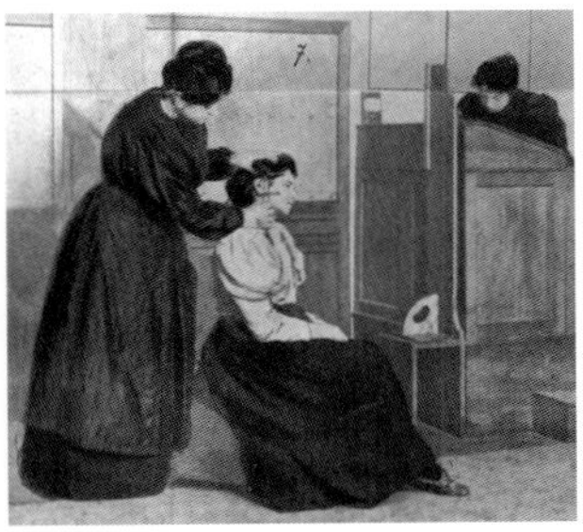

„Messung nach System Bertillon"

Von 1898 bis 1902 wurden in diesem Amt über 70.000 Fotografien angefertigt.[56] Zwischen 1899 und 1908 wurden zirka 100.000 Personen einem anthropometrischen Verfahren unterzogen. Bedeutend weniger wurde außerhalb Wiens in den Kronländern die Anthropometrie angewandt:[57] 1900 in Prag, Triest, Graz, Brünn, Innsbruck, Laibach und in Reichenberg.[58] Für die anthropometrische Messung von weiblichen Personen waren Beamtinnen dem Erkennungsamt zugeteilt worden. Personen- und Tatortaufnahmen wurden zwischen 1900 und 1908 jährlich zwischen 4.000 bis 7.000 gemacht.[59] Vor allem im Bereich der Tatortaufnahmen führte die Wiener Polizeidirektion quantitativ vor anderen Polizeidirektionen im deutschsprachigen Raum, ebenso im Jahr 1910 das Verbrecheralbum mit mehr als 42.000 Portraitaufnahmen, das nur von Hamburg mit mehr als 66.000 Aufnahmen überboten wurde.[60] Bei der Ausgestaltung des Erkennungsamtes und den nunmehr ausformulierten Aufgabengebieten insbesondere im Zusammenhang mit der Frage der Ausweitung der zu daktyloskopierenden Personengruppen und deren Durchsetzung außerhalb der Großstädte und Industriestädte, lässt sich erstmals auch der Einfluss des Militärapparates und der militärischen Nachrichtendienste nachweisen. Der hohen Erwartungshaltung, die nach Einführung der Anthropometrie aufgekommen war, folgte in den nächsten Jahren eine massive technische Modernisierung der Wiener Polizei, vor allem des Erkennungsamtes, unter dem Einsatz beträchtlicher finanzieller Mittel.[61] 1910 konnte der technische Leiter des fotografischen Ateliers der Wiener Polizeidirektion feststellen, dass die fotografische Abteilung das räumlich größte Institut am Kontinent und im Besitz der modernsten fototechnischen Apparaturen sei.[62]

Der Präsident der „Photografischen Gesellschaft" und Leiter der Graphischen Lehr- und Versuchanstalt, Josef Maria Eder, dürfte die Regierung zur Einführung einer polizeifotografischen Institution gedrängt haben.[63] Jedenfalls setzte er sich stark für die Etablierung der Polizeifotografie ein, förderte spätere Mitarbeiter des Erkennungsamtes wie Franz Eichberg und stellte die Kontakte zu Mitarbeitern der Graphischen Lehr- und Versuchsanstalt her.

Unter den ersten Polizeifotografen Stipendiaten waren Emil Schneider und

Franz Eichberg
Leiter des
Erkennungsamtes
1919-1923

Rudolf Köchler oder Mitarbeiter dieser Anstalt wie der Assistenten Emil Wrbata, der nach wenigen Jahren 1902 als Helfer für fotografische Arbeiten in den Personalstand der Polizeidirektion Wien übernommen wurde und später das Amt des Direktors für fotografische Arbeiten im Erkennungsamt einnahm. Mitarbeiter der Polizeidirektion Wien wie Franz Eichberg und Emil Schneider nahmen 1896/97 an Lehrgängen der Graphischen Lehr- und Versuchsanstalt teil.

Jene Fotografen, die bis dahin bei Bedarf aufgrund ihrer Fertigkeiten und Interessen aus den Personalständen der Polizei rekrutiert wurden, finden wir wenige Jahre später wieder als Spezialisten, als angesehene Referenten auf Polizeikongressen, als Vorstände von Polizeiabteilungen und als gesuchte Publizisten in Fachzeitschriften. Von diesen zumeist jungen Mitarbeitern gingen in den nächsten Jahren eine Fülle von technischen Innovationen auf dem Gebiet des Erkennungswesens, der Kriminalistik und der Fotografie aus.[64]

Am Beispiel des 1918 zum Vorstand des Erkennungsamtes ernannten Franz Eichberg[65] lassen sich die Karrieremöglichkeiten, die eine fotografische Ausbildung im Polizeidienst zu dieser Zeit bot, zeigen: Nach Beendigung seines Jusstudium trat er 1892 als Rechtspraktikant in das k.k. Landesgericht Wien ein, 1893 als Konzepts-Praktikant in die Polizeidirektion Wien, wo er 1897 im Personalstand als „Fotograf" für „besondere Verwendungen" geführt wurde.[66]

Ein Jahr später wurde er der Abteilung für gerichtliche Polizei in Pressesachen zugeteilt. Während dieser Zeit führte er schon Studien zunächst zur Anthropometrie und der Daktyloskopie durch und wurde mit der Einschulung der Polizeifotografen in diese Methode betraut. In den nächsten Jahren, nachdem er schon in den frühen 1890er Jahren von J.M. Eder auf das Gebiet der gerichtlichen Fotografie gelenkt worden war, beschäftigte er sich mit der Konstruktion von speziellen Apparaturen und der Entwicklung von Aufnahmetechniken. Nach einer mit Windt 1897 unternommenen Studienreise nach Paris zu Alphonse Bertillon und 1909 nach Lausanne an das Institut für Polizeiwissenschaft befasste er sich ab 1909 mit der Fotogrammetrie, zu deren Entwicklung er wesentlich beitrug und die 1911 in Wien eingeführt wurde. Weiters befasste er sich mit der Entwicklung von Spezialkameras für Tatortaufnahmen, aus der die sogenannte „Eichberg-Kamera" hervorging.[67] Von Eichberg wurde auch die monodaktyloskopische Registratur eingeführt. Seine und Windt's Tätigkeiten begründeten den Bedeutungszuwachs, den die erkennungsdienstlichen Arbeiten seit den 1890er Jahren erfuhren und die Polizeidirektion Wien bis in die 1930er Jahre zu einer der modernsten Polizeiorganisationen Europas machte. Andere im Erkennungsamt tätige Mitarbeiter wie Rudolf Schneider entwickelten Methoden zu Identifizierung: Schneider erfand 1911 die Sichtbarmachung von Fingerabrücken auf Gegenständen durch eine von ihm entwickelte Folie und errichtete eine Folienevidenz, die weltweit von der Polizei übernommen wurde.[68]

Als ebenfalls einflussreicher Förderer der Polizeifotografie erwies sich der als Initiator und Erneuerer des Systems der modernen Kriminalistik und der Verbrechensprävention und -aufklärung geltende Grazer Professor Hanns Gross. Gross gründete 1899 das „Archiv für Kriminalanthropologie und Kriminalistik", das zu einer bedeutenden publizistischen Schnittstelle zwischen Kriminalisten, Polizeifotografen und Beamten des Erkennungsdienstes avancierte. Themenschwerschwerpunkte waren neben den Fragen der Identifizierung, kriminalsoziologische und psychopathologische Erscheinungsformen und die Typologisierung von Verbrechensmustern und Täterprofilen. Hier wurden die konkurrierenden Verfahren der Personenidentifikation diskutiert und biologistische, rassentheoretische und soziologische Verbrechertypologien vorgestellt.[69] Die Bedeutung von Hans Gross im Hinblick auf den Aufschwung, den die Polizeifotografie in vielen Anwendungsbereichen in den 1890er Jahren erlangt hatte, kann nicht zu gering geschätzt werden. Ebenso seine Einfluss bei der Organisation des Identifikationswesens, wozu er sich eines einflussreichen Netzwerkes in der Hochbürokratie und Regierung bediente, die ihm auch Einflußnahme auf die Besetzungen in der Justizverwaltung ermöglichte. 1912 wurde auf sein Drängen das „K.k. Kriminalistische Institut an der Universität

Franz Schneider
Leiter des
Erkennungsamtes
1905-1906

Graz“ gegründet, das weltweit als das erste Institut dieser Art gilt. Erst 1921 wurde bei der Polizeidirektion Wien eine Nachahmung dieses Instituts, das „Kriminalistische Institut“, gegründet und von seinem Schüler Eduard Ritter von Liszt betraut. Organisatorisch fand dieses Netzwerk ihren Bezugsort in den von Gross initiierten „Kriminalistischen Vereinigungen“, deren wesentliches Kennzeichen unter anderem in der engen Zusammenarbeit zwischen Juristen, Polizeibeamten, Medizinern und Psychiatern. Der erste Verein dieser Art wurde von Hans Gross selbst unter dem Namen „Kriminologische Vereinigung“ gegründet, als deren Präsident er fungierte. Mitglieder waren unter anderem der Wiener Polizeidirektor Stukart, Dr. Johann Feigl (Strafrichter, später bis 1918 Präsident des Landesgerichtes für Strafsachen in Wien), Dr. Viktor Kienböck (damals Rechtsanwalt, später Finanzminister in der Ersten Republik und Präsident der Oesterreichischen Nationalbank) usw. Diese schon vor dem Ersten Weltkrieg einrichteten Zirkel fanden in der Ersten Republik ihre Fortsetzung in der von dem Professor für Strafrechtswissenschaften Wenzel Gleispach in Wien gegründeten „Gesellschaft für Kriminalistik und Kriminalpsychologie“. Dieser Gesellschaft, die eigene Gerichtsgutachten ausstellte, gehörten im Ausschuss, der Gerichtsmediziner Albin Haberda, der leitende erste Staatsanwalt Erwin Höpler, der Rechtsanwalt Siegfried Türkel, der Psychiater Julius Wagner-Jauregg und der Wiener Polizeipräsident Johannes Schober an.[70]

Die Einführung der Daktyloskopie

Ein wichtiger Etappenschritt zur Durchsetzung der Fotografie in der Polizeiarbeit war die Einführung der Daktyloskopie im Jahre 1902. (In den Messstationen außerhalb Wiens wurde die Daktyloskopie erst 1911 einheitlich eingeführt). Die ersten Versuche, die Fotografie zur Kontrolle über Migranten zu verwenden, gehören zu den ältesten polizeifotografischen Aufzeichnungen und sind aus der Schweiz aus dem Jahre 1852 überliefert.[71] Die nach 1900 eingeführte Daktyloskopie ermöglichte erstmals eine exakte Identifizierung. Nachdem sie aus den britischen Kolonien[72] Ende des 19. Jahrhunderts im Mutterland eingeführt worden war,[73] erwies sich die Polizeidirektion Wien als ihr vehementester Befürworter und für ihre europaweite Einführung. Schon 1899 nahm die Polizeidirektion Wien, ohne das Innenministerium in Kenntnis zu setzen, diesbezüglich mit den Sicherheitsbehörden in Großbritannien Kontakt auf. Seit 1900 wurden in der Wiener Polizeidirektion Studien zur Daktyloskopie angestellt; 1902 wurde bereits ein Polizeibeamter der Polizeidirektion von Dresden eingeschult.[74] Ein wesentlicher Grund für dieses Engagement war die geringe Durchsetzbarkeit des Schubwesens, die ihre Ursache im Mangel an aussagekräftigen und abrufbaren Identifikationskriterien hatte. Dieses Problem sollte mit Hilfe der Daktyloskopie behoben und eine effiziente Kontrolle über die Bewegung der Bevölkerung hergestellt werden. Rasch wurden Kontakte zu europäischen Polizeibehörden aufgenommen und umfangreiche Studien erstellt: In einer ersten Studie wurden zirka 30.000 Personen aus Strafanstalten, Zwangsarbeitshäusern und Frauenanstalten, wie jener berüchtigten in Wiener Neudorf, daktyloskopiert.[75] Ein Jahr nach Großbritannien führte schließlich die Polizeidirektion Wien als erste Polizeibehörde Kontinentaleuropas 1902 die Daktyloskopie ein, und begann mit der Einschulung von in- und ausländischen Polizeibeamten. Auch hier bestand anscheinend ein großes Interesse, die serbische Polizei in die Daktyloskopie einzuführen,[76] jedenfalls wurde schon 1902 Polizeioffiziere aus Belgrad in Wien unterrichtet.[77] 1904 wurde sie obligatorisch in allen Strafanstalten der Monarchie eingeführt.[78] Gleichzeitig bereitete das Erkennungsamt die Errichtung von Messstationen vor und machte Behörden, Gemeinden und Schubstationen mit der Daktyloskopie vertraut.[79] 1906/07 umfasste der daktyloskopische Bestand der Polizeidirektion Wien bereits 30.000 Fingerabdrücke, die zum Großteil im Erkennungsamt selbst hergestellt worden waren. 1906 bestanden bereits 15 Messstationen in der Monarchie, in Prag, Triest, Lemberg, Graz, Brünn, Ol-

mütz, Innsbruck, Laibach, Reichenberg, Karlsbad, Aussig, Teplitz-Schönau, St. Pölten, Baden und in der „Landes- Zwangsarbeits- und Besserungsanstalt" Korneuburg. 1907 wurden weitere Messstationen in Aussicht gestellt, darunter in einer Reihe von Grenzorten und Schubstationen der Monarchie wie im Trentino oder in Galizien.[80]
Diese mit großem Einsatz geführte Kampagne verdeutlicht, dass weniger eine individuelle Täterverfolgung, sondern vielmehr die Herstellung einer kollektiven Kontrolle das entscheidende Motiv war. Diese Entwicklung war eine Reaktion auf die ansteigenden Sicherheitsbedürfnisse, die die letzten Jahrzehnte der österreichisch-ungarischen Monarchie prägten: „Zuwanderer", Mitglieder „irredentistischer" Vereine und sogenannter „terroristischer" Organisationen sollten so einer effektiven Kontrolle unterzogen werden. Die schriftlichen Quellen belegen darüber hinausgehend spätestens in den Jahren vor dem Krieg die Absicht, mit der Daktyloskopie ein flächendeckendes, die kleinsten Gemeinden einbeziehendes und zusammenhängendes Messstationssystem mit dem Erkennungsamt in Wien als organisatorischen Mittelpunkt. Ziel war die Einführung der „Volksdaktyloskopie".

Erste Massenproduktion von personenbezogenen Fotografien betraf „Zigeuner", deren anthropometrische Messung und später daktyloskopische Erfassung seit den 1880er Jahren in Böhmen, Mähren und in Niederösterreich zu deren effektiven Bekämpfung und Ausweisung erwogen und praktiziert worden war. Diese Messungen wurden vor allem in Gefangenenanstalten der k.u.k. Monarchie durchgeführt und ihre Ergebnisse in der Polizeidirektion Wien gesammelt.[81] 1897 wurde auf der Berliner Konferenz von Österreich-Ungarn ein Antrag auf anthropometrische Messung und Fotoaufnahme von „Vaganten" und „Zigeunern" eingebracht.[82] Mit „Vaganten" wurden in der Praxis „Obdachlose", arbeitlose Arme und so genannte Landstreicher bezeichnet. Zwischen 1880 und 1890 wurden aus Wien jährlich mehr als 6.000 Personen in Orte ihrer Heimatberechtigung abgeschoben; diese bildeten neben Verbrechern und politischen Häftlingen eine Hauptgruppe, an denen anthropometrische Messungen durchgeführt worden sind[83]

In der Monarchie wurden in einer ersten Phase in prominenten Ferienorten und Kurstädten der Monarchie, die als Ziel terroristischer Anschläge anarchistischer Gruppen galten, Meßstationen errichtet. Später kamen weitere in allen Zwangsarbeitsanstalten und in Städten mit starker Zuwanderung und Industrieregionen mit einem hohen Anteil an Arbeitern und Arbeiterinnen sowie Fremdenverkehrsorte hinzu (Eger, Pilsen, Wiener Neustadt, Marienbad, Meran).[84] Ab 1913 wurde wegen der erwarteten großen Datenmenge bei der Einführung der flächendeckenden Daktyloskopie die Einrichtung von Nebenzentralen zu deren Aufbewahrung erwogen, und die Konzentration auf Industriezentren wie das nordböhmische Ostrauer-Kawiner Industriegebiet, wo es in dieser Zeit zu großen Arbeitskämpfen gekommen war, vorgeschlagen.[85] Erst in einer späteren und letzten Phase sollten alle über 20-jährigen Staatsbürger daktyloskopiert werden.[86]

Zur raschen Vervielfältigung wurden nach und nach spezielle Fingerabdruck- und Reproduktionskameras hergestellt.[87] Mit einem massiven publizistischen Einsatz forderten Hans Gross und Camillo Windt – der schon zwei Jahre nach der Einführung der Daktyloskopie einen „Klassiker" veröffentlicht hatte[88] – die Einführung der Daktyloskopie.[89] Die Zentralisierung der erkennungsdienstlichen Daten führte dazu, dass Wien vor 1914 im Besitz des größten daktyloskopischen Bestandes Europas war. Dieser umfasste 1917 138.000 und im Jahr 1924 bereits 520.000 Fingerabdrücke von Personen aus dem In- und Ausland, darunter befand sich eine in Europa einzigartige Zehnfingerabdrucksammlung.[90] Zunehmend wurde auch in kleineren Orten Fingerabdrücke gesammelt, beispielsweise in St. Johann im Pongau/Salzburg, wo die Fotografie zur Identifizierung und Aussperrung von Ortsfremden (Schüblingen u.a.) eingesetzt wurde. Schon ein Jahr nach der Errichtung des Wiener Erkennungsamtes wurde von der Wiener Polizei deren Einführung auf „flachen Lande" angeregt und fand Resonanz im Innen- und Justizministerium.[91] Erst mit der Einführung der Daktyloskopie schien es möglich, flächendeckende Einrichtungen von Messstationen aufzubauen. Dass dieses Projekt in seiner geplanten Dimension bis zum Kriegsausbruch mehr oder weniger in einem Planungsstadium verharrte, lag an den Konflikten über die Finanzierungsbeteiligung und an der mangelnden praktischen und technischen Umsetzung bei den Unterbehörden. Erst der Erste Weltkrieg und der Kriegsabsolutismus förderten wieder die Ideen der Durchsetzung der Daktyloskopie: Diesmal als Instrument zur Durchsetzung der Militärpflicht und zur Kontrolle über die als irredentistisch und „unpatriotisch" befundenen Bevölkerungsteile der Monarchie sowie zur umfassenden „Zigeunerregistrierung" in den südosteuropäischen Okkupationsgebieten am Balkan. 1910 gab das Innenministerium Richtlinien über die Anwendung der Daktyloskopie heraus und definierte darin den Personenkreis und regte die Ausweitung der Messstationen mit fotografischen Einrichtungen an.[92] Spätestens ab 1910 wurden auch die Polizeibehörden am Lande Konzept der Identifikations- und Messsysteme einbezogen. Diese Pläne zur Ausweitung gingen auf die Polizeidirektion Wien und auf das Ministerium für Landesverteidigung, zurück.[93] 1913 wurde zwischen den Ministerien wiederum die Möglichkeit der Ausweitung des Kreises von Personen, die bei einer Anhaltung daktyloskopiert werden sollten, diskutiert. Darunter befanden sich „Zigeuner", die „ohne Rücksicht auf Straffälligkeit und Strafmündigkeit" daktyloskopiert werden sollten sowie auch Spionageverdächtige. Letztere Bestimmung ging auf das Bestreben des Kriegsministeriums und seinem Vertreter Maximilian Ronge zurück. Als vehementer Befürworter der Volksdaktyloskopie erwies sich Camillo Windt. In der Besprechung wurde festgestellt, dass diese Maßnahmen weniger im Interesse der Strafrechtspflege als vielmehr der „öffentlichen Sicherheit" erfolge.[94] Ab nun sollte die Daktyloskopie nicht nur „auf dem Gebiet der Kriminalistik" angewandt werden,[95] sondern diesmal waren spionageverdächtige Personen die Zielgruppe, die im Etappen- und Operationsgebiet erkennungsdienstlich behandelt werden sollte.[96] Auch während des Ersten Weltkrieges war das Erkennungsamt als zentrale Koordinations- und Einlaufstelle für die von der k.u.k. Militärverwaltung in den besetzten Gebieten zur geplanten daktyloskopischen Erfassung der osteuropäischen Bevölkerung der Monarchie und der in den besetzten Gebieten Südosteuropas (Montenegro u.a.) vorgesehen.[97] Insgesamt wurde seitens der Militär- und Justizbehörden bei der Ausweitung der Daktyloskopie 1917 festgestellt, dass nunmehr die technischen Schwierigkeiten überwunden schienen „und auch der kriminelle Beigeschmack [...] bereits bedeutend abgeschwächt worden" war.[98]

Ende der 1920er Jahre finden wir die Fotografie in zahlreichen Organisationseinheiten der Polizei fest verankert: Im Erkennungsamt, das 1928 eine organisatorische Adaptierung an dem im selben Jahr bei der „Interpol" geschaffenen Nachrichtendienstes und der Fahndungsevidenz erfuhr und seitdem den Zusatz „Daktyloskopische Abteilung, photografische Abteilung, Lichtbildsammlung" führte. Ebenso im 1926 gegründeten wissenschaftlichen Laboratorium, das 1932 dem Erkennungsamt eingegliedert wurde, und im Bereich der Schulung und der Ausbildung. Damit fand eine Entwicklung, die im ausgehenden 19. Jahrhundert ihren Anfang genommen hatte, vorerst ihren Abschluss.
Schon unmittelbar nach Kriegsende konnte der neue Polizeipräsident Schober nahtlos an das vor dem Ersten Weltkrieg geschaffene, Netzwerk der europäischen Sicherheitsbehörden anknüpfen[99] und den Austausch von erkennungsdienstlichen Material intensivieren.[100] Nicht zuletzt wegen des hohen Ansehens, das Schober spätestens seit der Niederschlagung der kommunistischen „Unruhen" 1919 bei den Vertretern der Entente genoss, und wegen des erkennungs- und nachrichtendienstlichen Know-hows der Polizeidirektion Wien wurde 1923 in Wien die „Internationale Kriminalpolizeiliche Kommission" („Interpol") gegründet. Die Polizeidirektion Wien konnte 1923 ihren umfangreichen erkennungsdienstlichen Bestand in die Strukturen der Interpol

einbringen. In den Jahren darauf kam es in diesem Rahmen zur Errichtung weiterer internationaler Kommissionen und innerhalb der Wiener Polizei zu einer Modernisierung der Kriminalpolizei und des Erkennungs- und Nachrichtenwesens.[101]

Ab Mitte der 1920er Jahren nahmen die Schulungs- und Ausbildungsmaßnahmen sowie polizeiinterne Entwicklungen ein immer größeres Dokumentationsfeld ein. Die durch die großzügige Budgetierung der Polizei in den 1920er Jahren hervorgerufene umfassende technische Modernisierung (Funkwesen, Motorisierung u.a.), die sich in großen Bautätigkeiten niederschlug, die von Schober eingeführten sozialen Privilegierungen der Polizei oder die seit der Mitte der 1920er Jahre eingeleitete Militarisierung der Polizei, wurden im Stil von Leistungsschauen dokumentiert.[102]

Ebenso nahm der innenpolitische Bedeutungszuwachs, den die Polizei in der Zwischenkriegszeit erfuhr, einen immer größeren Raum innerhalb der Dokumentationen ein, wie die vielfältigen Formen der öffentlichen Präsentation der Polizei bei Begräbnissen, öffentlichen Sportveranstaltungen oder Ausstellungen beweisen.

Diese Manifestationen wurden im Stil politischer Parteien durchgeführt und dienten auch der politischen Inszenierung Schobers. In Fotografien zur Präsentation von Herrschaft und Regierungsgewalt, wie wir sie schon aus der Monarchie vorfinden, rückten in den späten 1920er Jahren immer mehr die bürgerlichen Parteien und deren paramilitärische Organisationen in den Vordergrund. Während des „Austrofaschismus“ fungierte die Wiener Polizeifotografie als Teil der Propagandamaschinerie des politischen Establishments.

Dokumentation – Archivierung – Musealisierung – Propaganda (1898 bis 1938)

Die Wiener Polizeifotografen hatten seit den 1870er Jahren nicht nur enge Kontakte zu Atelierfotografen und zur Szene der Amateurfotografen, sondern war selbst seit den späten 1890er Jahren durch Ausstellungsaktivitäten präsent. Zahlreiche Mitgliedschaften in Fotografenvereinigungen wie dem „Wiener Photo-Club", der „Photographischen Gesellschaft", oder durch eigene Vereinigungen wie der „Lichtbildnersektion der Polizei-Sportvereinigung" unterstreichen die Überschneidungen zur Fotografenszene und der Partizipation. Während in den 1890er Jahren erkennungsdienstliche Beamte um eine strikte Trennung zwischen dokumentarischer und erkennungsdienstlicher Fotografie bemüht waren, begann sich um 1900 innerhalb des Erkennungsamtes eine eigenständige Dokumentationstätigkeit herauszubilden, die an kunstfotografischen Stilmitteln Anleihe nahm.

Die ersten Aufnahmen von öffentlichen Ereignissen stammen aus den 1870er Jahren und hatten Studentenkrawalle an der Wiener Universität und Arbeiterdemonstrationen zum Inhalt. Darüber hinaus bildeten die seit den 1880er Jahren in Wien und in den Industrieregionen der Monarchie aufbrechenden sozialen und politischen Konflikte den Auftakt zur dokumentarischen Fotografie der Polizei, die sich bis in die 1930er Jahre fortsetzte. Mit der massiven fototechnischen Aufrüstung, die mit dem Jahr 1903 anzusetzen ist, wurden die neuen fotografischen Dokumentationsgebiete formuliert: „Straßenkrawalle", Demonstrationen, Streiks, Überfällen auf Fabrikanten und Bankiers, anarchistische Attentate, nationalitätenpolitische Konflikte sowie das Aufkommen des Vereinswesens und das aufblühende Pressewesen waren ein weites Betätigungsfeld, das immer mehr zum Gegenstand der Polizeifotografie wurde. Die Fotografie bot dabei neue Möglichkeiten der systematisierten erkennungsdienstlichen Überwachung, wie die reichhaltigen fotografischen Sammlungen von Demonstrationen, weiters Aufnahme von Plakatwänden, versteckt aufgenommene „Alltagsszenarien", Strassen- und Häuseraufnahmen, aber auch die fotografische Reproduktion von Druckschriften bekunden.[103] Diese Arbeiten wurden im Polizeimuseum der Polizeidirektion Wien aufbewahrt und zu Schulungszwecken eingesetzt.

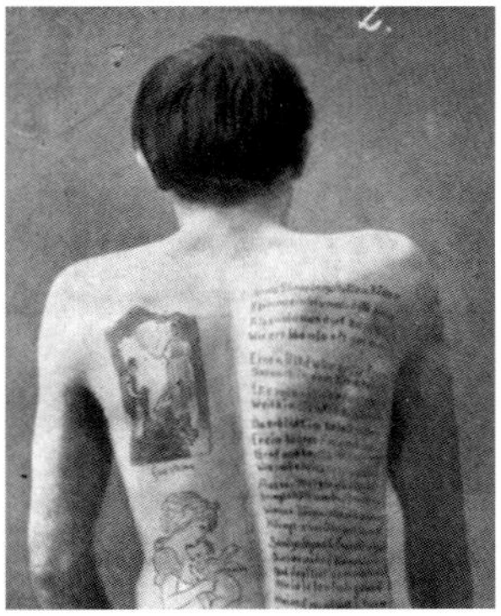

Erkennungsamt: Tätowierung

Die Gründung von Polizeimuseen war seit den 1890er Jahren in nahezu allen europäischen Großstädten ein Trend, dem sich Wien im Jahre 1898 angeschlossen hatte. Mit dieser Präsentationsform sollten nicht nur die öffentlichen Sicherheitsbedürfnisse befriedigt und die eigene Bedeutungskompetenz inszeniert werden, sondern vor allem historische Lern- Gedächtnis- und Identifikationsorte zur Ausbildung für Juristen und Kriminalisten geschaffen werden. Die Anregung zur Gründung des Wiener Polizeimuseums kam von Hans Gross, der im Jahre 1894 in Graz das erste österreichische und international renommierte Polizeimuseum errichtet hatte. Gross, dessen Anliegen eine Systematisierung und Verwissenschaftlichung der Polizeimethoden war, beabsichtigte durch den Aufbau von Polizeimuseen, eine Lehrmittelsammlung für Kriminalisten und Juristen zu schaffen.[104] In diesen Kriminalmuseen wurde versucht, vergegenständlichtes, fotografisch stark aufgeladenes „Wissen" aus anthropologischer Sicht mit Hilfe medizinischer und psychopathologischer Deutungsmuster systematisiert darzustellen.[105] Dazu entwarf er die Grundzüge und Muster zur Errichtung und Gestaltung von Polizeimuseen.[106] Sie waren als Archive und Forschungslabore sowie als didaktische Lernorte geplant, in denen Mediziner, Chemiker, Psychiater ebenso ihre Ausbildung erhalten als auch ihr Wissen einbringen sollten. Über dieses programmatische Anliegen ging das Wiener Polizeimuseum hinaus, indem es die Fotografie als Teil einer historischen Ausbildung für Polizisten mit einschloß und bewusst die Fotografie zur Herstellung eines historischen „Gedächtnisses" einsetzte.[107] In den Statuten des Polizeimuseums aus dem Jahre 1898 heißt es dazu, dass dem Museum die Aufgabe zukomme, die „geschichtlichen Entwicklungen auf allen Gebieten der Organisation der Sicherheitsbehörden" zu dokumentieren und zu sammeln.[108] Zumindest bis 1898 wurden zusätzlich Kunstmaler mit der Anfertigung von Gemälden beauftragt, die die Arbeit im Sinne der Polizeibehörden stilisiert zeigen sollten.[109] Der hohe Grad der Historisierung ist ein wesentliches Kennzeichen der über vierzig Jahre hindurch vorgenommenen Dokumentationsarbeiten. In den folgenden Jahren wurden häufig zu den aktuellen Dokumentationen nachträglich Fotoserien durch Abzüge hergestellt, wie jene über die rasante verkehrstechnische Entwicklung der Motorisierung oder der städtebaulichen Entwicklung Wiens. Damit flossen mehrfach Erzählbögen und Interpretationen in die Fotografie ein. In diesem Kontext begannen sich auch Erzähltraditionen über die Polizei zu formieren und eigene Gedächtnisorte zu definieren. Eines der ältesten historisierenden Fotografien zeigt den Grabstein des im Jahre 1884 durch ein Attentat des Anarchisten Hermann Stellmacher zum Opfer gefallenen Polizeidetektivs Ferdinand Blöch sowie den später aufgenommenen Tatort. Zu diesen Dokumentationen zählen auch umfangreiche Portraits von Polizeioffizieren und von Beamten der Sicherheitswache, die durch nachträgliche Einfügung älterer Vorlagen vervollständigt wurden,[110] sowie umfangreiche und über Jahre gesammelte und angefertigte städtebauliche Ansichten von Wien.[111] Dieses „historische Archiv" sollte die „gesammelten Erfahrungen" für den Polizeinachwuchs zugänglich machen und ein ständiges Lernen an historischen Materialen ermöglichen.[112]

Die Präsentation des neu errichteten Erkennungsamtes und des Polizeimuseums[113], das im Oktober 1898 gegründet und 1899 dem Erkennungsamt angeschlossen worden war, erfolgte im April des Jahres 1898 im Rahmen der Kaiser-Jubiläumsausstellung im Wiener Prater.[114] Diese Ausstellung setzte auch eine Zäsur im Selbstverständnis der Polizei. Mit ihr etablierte sich jene Öffentlichkeitsarbeit, bei der die Polizeifotografie einen wesentlichen Anteil hatte, und mit der die Inszenierung der Wiener Polizei und ihres späteren langjährigen Polizeipräsidenten Schober begann. Die Ausstellung stieß in der Öffentlichkeit und in Regierungskreisen auf großes Interesse und förderte weitere öffentlichwirksame Initiativen des Erkennungsamtes. Im Jahr 1903 fand diese Ausstellung in Dresden[115] eine Nachfolge innerhalb der ersten deutschen

Städteausstellung und begründete einen bis in die 1930er Jahre anhaltende enge Zusammenarbeit zwischen dem Wiener und dem Dresdner Polizeimuseum. Die weitere Teilnahme an zahlreichen Ausstellungsprojekten, wie unter anderem an der „Photogrammetrischen Ausstellung" der Technischen Hochschule in Wien (1913) oder an der internationalen Ausstellung in Dresden (1909), brachte der Polizeidirektion Wien zahlreiche Preise für Erfindungen und Fortschritte auf dem Gebiet der wissenschaftlichen Fotografie und der Reproduktionstechnik ein.[116] In den 1920er Jahren und besonders während des „Austrofaschismus'" war die Polizeifotografie immer wieder durch Ausstellungen präsent.[117]

Der größte Teil des Originalfotobestandes der Polizeidirektion Wien besteht aus diesen Dokumentationen. Diese Arbeiten gehören zu den am schwierigsten interpretierbaren Beständen aus dem fotografischen Fundus des Erkennungsamtes. Sie zeichnen sich durch unterschiedliche Inhalte und verschiedene stilistischen Phasen aus. Teilweise haben sie Reportagecharakter, später nahmen sie Anleihe an den propagandistischen Stilmitteln der 1930er Jahre. Diese divergierenden Stilelemente finden sich in zahlreichen fotografischen Themen wieder und fügen sich zu einem diffizilen Korpus mit mehrschichtigen Bedeutungsebenen zusammen. Diese Mehrschichtigkeit resultiert aus den vielfältigen Zielsetzungen, wie sie schon 1899 in den Statuten des Polizeimuseums festgeschrieben wurden.[118] Dazu zählte vor allem das umfassende Festhalten aktueller Ereignisse: öffentliche Manifestationen wie Demonstrationen, Versammlungen, Begräbnisse, Naturkatastrophen, Brände. Diese Form der Dokumentation war schon seit dem Ende der 1890er Jahren üblich und setzten in größerem Umfang mit der Wahlrechtsreformbewegung im Jahre 1905 ein. In den folgenden Jahren wurden sie auf Manifestationen aller Art wie Erste Maifeiern, auf der Straße ausgetragene Nationalitätenkonflikte und soziale Konflikte, wie die sogenannten Hungerkrawalle im September 1911, sowie Staatsbesuche und Begräbnisse ausgeweitert.

Diesen Dokumentationsserien sollten, wie in den Statuten des Polizeimuseums festgehalten, die durch bildhafte „Skizzen gesammelten „Erfahrungen“ der „präventiven Tätigkeit“ und der „Intervention“ der Polizei dienen.[119]. Dabei wurden Wiener Polizeifotografen auch außerhalb Wiens zu Dokumentationszwecken bei Arbeitskämpfen eingesetzt, sowie bei größeren Ereignissen, wo für die Sicherheits- und Dokumentationsarbeit Interesse bestand.

Im Zuge eines Streiks in Wien im Jahr 1902 wurden festgenommene Streikende polizeilich fotografiert, worauf erstmals eine öffentliche Debatte über den polizeilichen Gebrauch der Fotografie im öffentlichen und politischen Raum stattfand, die jedoch rasch abebbte.[120] Um 1900 fand die Fotografie zunehmend auch als Beweismittel in den schriftlichen Vorfalls- und Tagesberichten der Polizei Eingang, indem sie durch Visualisierungen Fakten schuf. Nachdem die Fotografie ursprünglich als zusätzliches Beweismittel verwendet worden war, wurde sie zu einer durch die Polizei monopolisierten Beweismacht.

Schon vor 1914, vor allem aber unter der Polizeipräsidentschaft von Johannes Schober, entwickelte sich die Wiener Polizeifotografie zunehmend zu einem Legitimations- und Propagandainstrument von Herrschaft und als politische Waffe zur Herstellung bildlicher Beweismacht. Diese Entwicklung kulminierte während der verstärkten Involvierung der Wiener Polizei in die innenpolitischen Auseinandersetzungen der 1920er und 1930er Jahre. In diesem Kontext wurden breite Dokumentationen zu den Ereignissen um den Justizpalastbrand 1927, dem Bürgerkrieg im Februar 1934 und dem nationalsozialistischen Putschversuch im Juli 1934 hergestellt. Diese Form der Dokumentation findet sich auch schon bei den durch politische und ökonomische Krisen, wie beispielsweise während des Ersten Weltkrieges, hervorgerufenen „Stimmungsumschwung“ der Bevölkerung, wo versucht worden war, die Veränderungen im Alltag festzuhalten. Diese Dokumentationsserien dienten weniger einer polizeilich-kriminalistischen Didaktik, sie stellen mehr eine Frühform einer umfassenden Überwachungspraktik dar.

Darüber hinaus entwickelten sich durch das Sammeln, Archivieren und Ordnen der Fotografien nach polizeilichen Gesichtspunkten historische Diskurse

Spittelberg, Faßziehergasse.
Auch noch zu Ende des 19. Jahrhunderts stand der „Spittelberg“ mit seinen vielen kleinen Wirtshäusern und Absteigquartieren in entsprechend schlechtem Ruf, als Elends – und Verbrecherviertel. Foto aus dem Bestand „Alt-Wien“, von Bruno Reifenstein.

sowie stete Aneignungs- und Interpretationsprozesse über die Stadt und ihre Gesellschaft. Im Mittelpunkt standen Veränderungen jeglicher Art: der Wechsel von Altem zu Neuem, hervorgerufen durch verschiedene Umwälzungen auf dem Gebiet der Technik (Flugwesen, Funkwesen, Motorisierung und Verkehrswesen u.a.), das überhaupt zu einem hervorstechenden Interessensgebiet der Wiener Polizei und der Polizeifotografie gehörte, sowie Veränderungen im öffentlichen Alltagsleben.

So lassen die Fotografien aus dem Teilbestand „Alt Wien" die vielschichtigsten Interpretationen zu. Diese „Stadtansichten" wurden seit der Jahrhundertwende sukzessive ausgebaut und damit eine fast vollständige fotografische Abbildung der Stadt Wien vorgenommen. Diese Sammlungen unter Hinzufügung eigener fotografischen Produktionen entsprachen nicht nur den in den Statuten des Polizeimuseums vorgegebenen Zielen zur Herstellung einer Dokumentation der Stadt, sondern folgte auch dem polizeilichen Interesse, die technischen und städtebaulichen Veränderungen festzuhalten und in die sicherheitspolizeiliche Planung und didaktischen Planspiele einzubeziehen. Diese Sammlungen und fotografischen „Aneignungen" der Stadt korrespondieren mit dem zeitgenössischen Genre der „Großstadtfotografie" und ihren „ethnologischen", kulturalistischen, zeitkritischen Komponenten der Verstädterung und der aufkommenden Massenkultur.[121] Zunächst griff man auf die Dokumentationen zeitgenössischer Fotografen und Kunstmaler, etwa jenen von August Stauda, Josef Mutterer, Bruno Reiffenstein oder Edmund Tietz zurück, die die städtebaulichen Veränderungen und den architektonischen Bestand Wiens seit der zweiten Hälfte des 19. Jahrhunderts dokumentierten, zurück, und reproduzierte und ergänzte sie durch eigene Fotografien. Diese Serien ergeben in einer Gesamtbetrachtung zunehmend eine Verortung der Stadt hinsichtlich politisch und sozial neuralgischer Orte, eine Art Sozialtopografie des „Verbrechens" und eine Abbildung von Plätzen, die sich scheinbar der Kontrolle der Polizei entzogen.

In den späten 1920er Jahren erfolgte eine fotografische Aufnahme der Stadt unter dem Gesichtspunkt einer militärischen Konfrontation mit der sozialdemokratisch geführten Stadtverwaltung. Zu diesem Zweck wurden die durch die Stadtregierung errichten Gemeindebauten sowie die dazu gehörenden Grundrisspläne in den fotografischen Bestand aufgenommen und in die militärischen Planungen einbezogen. In diesem Kontext stehen auch die seit 1900 angelegten Fotoserien, wie strategische Planspiele, die zur Ausbildung von Polizisten und zur Vorbereitung von Polizeieinsätzen hergestellt wurden.

1* Diese Arbeit stellt eine erweiterte Fassung meines in der Zeitschrift „Fotogeschichte. Beiträge zur Geschichte und Ästhetik der Fotografie" (Hg. von Anton Holzer), Nr. 100 2006, erschienen Aufsatzes dar.

2* Betrug die Bevölkerung Wiens 1830 zirka 400.000 Einwohner, verdoppelte sie sich diese bis 1869 - auf über 900.000 und bis 1910 nochmals auf über 2 Millionen Einwohner.

„Verirrtes Kind in der Wachstube“. Aufnahme für Propagandazwecke, um 1930.

1 Dieser Fotobestand umfasst zirka 12.000 Originalfotoglasplattennegative und enthält die fotografischen Produktionen der Polizeidirektion Wien von 1880 bis 1938. (Die Fotoglasplatten sind überwiegend im Format 9 mal 12 cm erhalten, ein kleiner Teil im Format 12 mal 16 cm. Die Glasplattennegative enthalten handschriftliche Signaturen und ein Zahlensystem, die Anhaltspunkte über den Zeitpunkt und der Abfolge der Aufnahme sowie den inneren Zusammenhang der Fotoserien geben.). Neben diesem Originalbestand sind Fotoalben vorhanden, die Abzüge von den Glasplattennegativen enthalten. Mit diesen Fotoalben können ansatzweise die während und nach dem Zweiten Weltkrieg verloren gegangenen Fotoglasplatten rekonstruiert werden. Aus der Zeit vor 1900 sind einige Alben erhalten, die die ersten fotografischen Arbeiten des Erkennungsamtes, zumeist Tatortaufnahmen, zeigen. Die Alben wurden chronologisch (1910 bis 1938) oder nach thematischen Kriterien geordnet.

2 NÖLA, (= Niederösterreichisches Landesarchiv), Allg. Reg., Sign. XIV 202 b, Zl. VII-1235/1904, Polizeifotografische Apparate – Anschaffung.

3 Regener Susanne, Fotografische Erfassung. Zur Geschichte medialer Konstruktionen des Kriminellen, München 1999, S. 31.

4 Jäger Jens, Verfolgung durch Verwaltung, Internationale Verbrechen und internationale Polizeikooperationen 1880-1933, Konstanz 2006, S. 54.

5 Jäger Jens, Verfolgung durch Verwaltung, S. 91f.

6 Jagschitz Gerhard, Die politische Zentralevidenzstelle der Bundespolizeidirektion Wien. Ein Beitrag zur politischen Rolle der in der Ersten Republik, in: Jahrbuch für Zeitgeschichte, Wien 1979; weiter: ÖSTA (= Österreichisches Staatsarchiv) AdR (= Archiv der Republik), BKA/AA NPA, Liasse Österreich 31/II Fasz. 439, Zl. 7.310/1919; weiter: Hubert Rainer, Schober. „Arbeitermörder" und „Hort der Republik". Biographie eines Gestrigen, Wien, Köln 1990.

7 Historische Meilensteine der Polizeifotografie, Öffentliche Sicherheit, Nr. 4, 1966, S. 6-7.

8 Ebenda. S. 6.

9 Erste Versuche sogenannte „Verbrecheralben" zu führen wurden in Brüssel (1843/44) unternommen. Vgl. Vec Milos, Die Spur des Täters. Methoden der Identifikation in der Kriminalistik (1879 – 1933), (= Juristische Zeitgeschichte Bd. 12), S. 25.

10 NÖLA, Sign. XIV 202b, Zl. VII 1.235/1904 Bericht vom 18. Februar 1903.

11 Diese Angaben finden sich in zahlreichen Darstellungen der Polizeidirektion Wien, vgl. u.a. NÖLA, Allg. Reg., Sign. XIV 202 b, Zl. VII-1235/1904, Polizeifotografische Apparate – Anschaffung, ebenso: R. Marneau's Fotografie-Almanach für 1871, 8. Jg., Wien, o.J., S. 37, „Fotografen Wien's und Umgebung", in: R. Marneau's Fotografie-Almanach für 1871, 8. Jg., Wien, o.J., S. 44-49, 49, „K.k. Polizei-Direktion", 1870.

12 Erlass Nr. 116 der Polizeidirektion am 23.9.1871.

13 NÖLA, Allg. Reg., Sign. G1, Zl. 38.073/1888.

14 Erlass Nr. 128 der Polizeidirektion vom 16.11.1895 und JM, Sign. II/15 Vz 9, Präs. Zl. 8.402/1897.

15 Schüler der Firma Rabending. 1870 mit der erkennungsdienstlichen Fotografie im Atelier im Polizeigefangenhaus" in Wien betraut. Vgl. Marneau's R., Fotografie-Almanach für 1871, Wien o.J., S. 37; K.k. Polizei-Direktion (Herbst 1870).

16 Photographisches Archiv, Bd. IV, Nr. 4, April 1863, S. 93

[17] NLÖA, Allg. Reg., Sign. G1, Zl. 5.469/1890.

[18] NÖLA, Allg. Reg., Sign. G1, Zl. 4.387/1885.

[19] Paul Friedrich, Handbuch der kriminalistischen Photographie für Beamte der Gerichte, der Staatsanwaltschaften und der Sicherheitsbehörden, Berlin 1900; derselbe: Über Bedeutung und Anwendung der Photographie im Strafverfahren, Olmütz 1895; derselbe: Beiträge zur Einführung des anthropometrischen Signalements Alphonse Bertillons, in: Zeitschrift für Criminal-Anthropologie, Gefängniswesen und Prostitutionswesen, erschien als Sonderdruck in erweiterter Fassung, Berlin: Priber und Lammers, 1897 (Sammlung Criminalanthropologischer Vorträge, 1); derselbe: Über Aufnahmen von Personen zu amtlichen Zwecken, in: Photographische Notizen, 1896, 33-41; derselbe: Gerichtliche Photographie, in: Zeitschrift für die gesamte Strafrechtswissenschaft, Bd. 19, 1898, erschien als Sonderdruck, Wien 1898, Besprechung: o.A., in: Photographische Notizen, 1898, 145.

[20] ÖSTA, AVA (Allgemeines Verwaltungsarchiv), JM (= Justizministerium), Sign. II/15, Zl. 8.402/1898.

[21] JM, Sign. II/15 V29, Zl.10.372-Präs./1898 Bericht der Oberstaatsanwaltschaft in Graz.

[22] Vgl. dazu die Polizei-Direktions-Erlässe aus den Jahren zwischen 1870 und 1914. Der erste die Polizeifotografie betreffende Erlass stammt vom 21. Mai 1870, Nr. 61/ex 1870, und enthält Instruktionen zur Aufnahme von Häftlingen und „Schüblingen" in der Monarchie.

[23] NÖLA, Allg. Reg., Sign. VII, Zl. 1.235/1903 Polizeifotografische Apparate-Anschaffung.

[24] JM, Sign. II/15 Vz 9 Präs., Zl. 8.402/1897.

[25] JM, Sign. II/15 Vz 9 Präs., Zl. 20.954/1888.

[26] JM, Sign. II/15 Vz 9 Präs., Zl. 8.402/1897.

[27] Wolfgang Beese, Geschichtsdaten der Photographie. Das Wiener Erkennungsamt in historischer Sicht, in: Öffentliche Sicherheit, Nr. 1, 1972.

[28] Über den Verbleib dieser Fotos konnten bislang keine Informationen eruiert werden

[29] Archiv der BPD Wien, Schachtel 1880-1882/V, E.A, Lichtbildersammlung 1880, Vortrag vom 24. Oktober 1880.

[30] Vgl. dazu die Fotoalben (Tatbestandsaufnahmen) im Archiv der BPD Wien.

[31] NÖLA, Allg. Reg., Sign. H1, Zl. 4.387/1885.

[32] Staudacher Anna, Sozialrevolutionäre und Anarchisten. Die andere Arbeiterbewegung vor Hainfeld (= Österreichische Texte zur Gesellschaftskritik Bd. 39), Wien 1988, S. 194ff.

[33] Jäger Jens, Verfolgung durch Verwaltung, S. 91.

[34] Ebenda, S. 83.

[35] NÖLA, Allg. Reg., Sign. J6, GZl. 2.826/1895, Zl. 1.678-Präs/1895.

[36] Vec Milos, Die Spur des Täters. Methoden der Identifikation in der Kriminalistik (1879 – 1933), S. 90.

[37] HHStA (= Haus- Hof- und Staatsarchiv), Ministerium des Äußeren, Administrative Registratur, F11, Amtssachen 14 Genaralia Correspondenz I/87 – I/113-206, 22.2.1907.

[38] Poldion Wien, St. 1881-1883, Zl. 2.257/1883.

[39] Poldion. Wien, St.7 1884, Präs. Zl. 7.154/1884.

[40] NÖLA, Allg. Reg., Sign. G1, Zl. 38.073/1888.

41 NÖLA, Allg. Reg., Abt. VII, Zl. 4.387/1885.

42 Poldion. Wien, St.7 1884, Zl. 7.154/1884

43 Ebenda.

44 Vgl. Beiträge zur Einführung des anthropometrischen Signalelementes. Alphonse Bertillons von Paul Friedrich, (Hg. von Wenige Walter, Sammlung Criminalanthropologischer Vorträge Heft 1), Berlin 1897, S. 11, weiter JM Sign. II/15 Vz 9, Zl. 8.402 und 19.139/1897.

45 Gross Hans, Das Erkennungsamt der k.k. Polizeidirektion Wien, in: Archiv für Kriminal-Anthropologie und Kriminalistik, 1903, S. 121.

46 NÖLA, Sign. XIV 202b, Zl. VII 2.272-4/1905. Eingerichtet wurde diese Stelle mit Erlass des Ministerium des Inneren vom 3. April 1898, vom 15. Mai 1899 und vom 23. Februar 1900.

47 Photographische Korrespondenz, 1900, S. 60.

48 Vec Milos, Die Spur des Täters. Methoden der Identifikation in der Kriminalistik (1879 – 1933), S. 40.

49 Wiener Freie Photographen-Zeitung. Zeitschrift für Photographie und verwandte Fächer, 1900, S. 30.

50 Dolezal Anton/Repis Carl, Von der Bertillonage zur modernen Kriminalistik, in: Öffentliche Sicherheit, Nr. 9, 1958.

51 Reimer Theodor, Zum 25jährigen Bestande des Erkennungsamtes, Öffentliche Sicherheit, Nr. 21-22, 1924.

52 Archiv der BPD Wien, Präs., Zl. 2.000, 20. Juni 1911.

53 JM, Sign. II/15, Zl. 14.386/1900, Photographie, Anthropometrische Messstationen.

54 JM, Sign. II/15 Vz 9, Präs. Zl. 8.402/1897.

55 NÖLA, Allg. Reihe, Sign. XIV 202 Zl. VII 1.314/1907 Daktyloskopie Einführung, weiters JM, Sign. II/15 Vz 9, Präs. Zl. 17.509/1902.

56 Gross Hans, Das Erkennungsamt der k.k. Polizeidirektion Wien, in: Archiv für Kriminal-Anthropologie und Kriminalistik, 1903, S. 168.

57 NÖLA, Allg. Reg., Sign. H1 Zl. 78.638/1902. Sicherheitsbericht der Polizei über das Jahr 1902.

58 JM, Sign. II/15 Vz 9, Präs. Zl. 17.509/1902.

59 Paul Friedrich, Die kriminalistische Photographie auf der Internationalen Photographischen Ausstellung in Dresden, in: Archiv für Kriminal-Anthropologie und Kriminalistik, 1910, S. 505.

60 Schneickert Hans, Übersicht über die Tätigkeit und Erfolge einiger großstädtischer Erkennungsämter, Archiv für Kriminal-Anthropologie und Kriminalistik, 1912, S. 184-185.

61 NÖLA, Sign., XIV 202b, Zl. VII-1.235/1904, Polizeifotografische Apparate–Anschaffung.

62 Wrbata Emil, Die Photographie im Dienste der Polizei. Nach einem Vortrage in der k.k. Photographischen Gesellschaft in Wien am 14. Dezember 1909, in: Photographische Korrespondenz, 1910, S. 310-324. Interessante und überaus genaue Details zur modernen Einrichtung des Erkennungsamtes und deren Arbeitsmethoden finden sich bei Beese Wolfgang Geschichtsdaten der Photographie. Das Wiener Erkennungsamt in historischer Sicht, in: Öffentliche Sicherheit, Nr. 1.

63 Photographische Korrespondenz, 1897, S. 295. Eder, der in Paris die Bertillon'sche Identifizierungsmethode studierte und die deutsche Ausgabe von Bertillon's „Die gerichtliche Photographie" an-

regte, überzeugte die Staats- und Sicherheitspolizei in Österreich, sich mit dieser Methode zu beschäftigen.

64 Zu den zahlreichen erkennungsdienstlichen Innovationen des Erkennungsamtes vgl. Theodor Reimer, Zum 25jährigen Bestande des Erkennungsamtes, Öffentliche Sicherheit, Nr. 21-22, 1924. An diesem Beitrag fällt auf, dass Reimer, der seit 1923 Vorstand des Erkennungsamtes war, die Arbeiten seines Vorgängers Franz Eichberg unerwähnt lässt.

65 Vgl. NÖLA, Präs., Zl. 2378, B5 /1900.

66 Personalstand der k.k. Polizei-Direktion Wien vom 1. April 1898 mit zugehöriger Übersicht, Wien 1898, S. 51.

67 Photographische Korrespondenz, 1914, S. 178-179.

68 Reimer Theodor, Zum 25jährigen Bestande des Erkennungsamtes, Öffentliche Sicherheit, Nr. 21-22, 1924. Vgl. auch JM Sign. II/15 Vz 9, Präs. Zl. 24.298/1911.

69 Mattl Siegfried, Urbane Gauner-Folklore und Ethno-Verbrecher. Hans Groß und die Wiener Kriminal-Literatur, in: Kopp Kristin/ Müller-Richter Klaus (Hrsg.), Die „Großstadt“ und das „Primitive“, Stuttgart, Weimar 2004.

70 Archiv für Kriminologie, 1920, S. 156.

71 Regener Susanne, Fotografische Erfassung. Zur Geschichte medialer Konstruktionen des Kriminellen, S. 28.

72 Vec Milos, Die Spur des Täters. Methoden der Identifikation in der Kriminalistik (1879 – 1933), 50ff.

73 Ebenda, S. 50.

74 NÖLA, Sign. XIV 202b, Zl. VII-1.314/1907, Daktyloskopie. Einführung.

75 NÖLA, Sign. XIV 202b, Zl. VII-2.272/1905, Daktyloskopie. Einführung bei den Sicherheitsbehörden im Inland. Bericht der Poldion. Wien vom 20. Februar 1907.

76 NÖLA, Sign. XIV-202 Zl. 1.314 allg. Daktyloskopie – Einführung – 1907, z.Zl. 1.541-4/1905.

77 NÖLA, Allg. Reg., Sign. H1, Zl. 12.735/1902.

78 JM, II/15 Vz 9, P 46/0-20, Zl. 96.921/1904 Anthropometrie.

79 NÖLA, Sign. XIV 202b, Zl. VII-2.272-4/1905.

80 NÖLA, Sign. XIV 202b, Zl. VII-1.314/1907.

81 JM, Sign. II/15, Zl. 9.919/1895

82 JM, Sign. II/15 Vz 9, Präs. Zl. 8.402/1897.

83 John Michael/Lichtblau Albert, Schmelztiegel Wien – Einst und Jetzt, Wien Köln-Weimar, 1993, S. 266.

84 Ebenda.

85 JM, Sign. II/15 Vz 9, Präs. Zl. 26.934/1913.

86 Hans Gross, Handbuch für Untersuchungsrichter als System der Kriminalistik, München 1904, S. 278.

87 Vec Milos, Die Spur des Täters. Methoden der Identifikation in der Kriminalistik (1879 – 1933), S. 64. Für das Wiener Erkennungsamt und die speziellen Reproduktionsapparaturen vgl. Wolfgang Beese, Geschichtsdaten der Photographie. Das Wiener Erkennungsamt in historischer Sicht, in: Öffentliche Sicherheit, Nr. 1.

88 Windt Camillo/Kodiček Siegmund, Daktyloskopie.

Verwertung von Fingerabdrücken zu Identifizierungszwecken. Lehrbuch zum Selbstunterricht für Richter, Polizeiorgane, Strafanstaltsbeamte, Gendarmen, Wien 1904.

89 Windt Camillo, Über Daktyloskopie, in: Archiv für Kriminal-Anthropologie und Kriminalistik, 1903, S. 101-123; derselbe: Die Wirkung der Daktyloskopie, in: Archiv für Kriminal-Anthropologie und Kriminalistik, 1904, S. 190; Brzesowsky, Anleitung zur Fixierung von Fingerabdruckspuren auf dem Tatort nach dem neuen Verfahren, Wien 1911.

90 Liszt Eduard, Daktyloskopie und Evidenz, in: Archiv für Kriminalogie, 1918 S. 237-240; Theodor Reimer, Zum 25jährigen Bestande des Erkennungsamtes, Öffentliche Sicherheit, Nr. 21-22, 1924.

91 NÖLA, Allg. Reg., Sign. H1, Zl. 12.050/1900.

92 JM, Sign. II/15, Vz 9, Präs. 13.729/1911, Zl. 24.607/1912.

93 JM, Sign. II/15, Vz 9, Präs. Zl. 38.981/1913 Daktyloskopie Einführung.

94 JM, Sign. II/15, Vz 9, Präs., Zl. 24.418/1913 Anthropometrie.

95 JM, Sign . II/15 Vz 9, Präs. Zl. 31.464/1916.

96 JM, Sign. II/15 Vz 9, Präs. Zl. 22.305/1915.

97 Instruktionen für den daktyloskopischen Dienst der k.u.k. Gendarmerie in den besetzten Gebieten Montenegros, Cetinje 1916 (hrsg. vom k.u.k. Militärgouvernement in Montenegro).

98 JM, Sign. II/15 Vz 9, Präs. 17.065/1917.

99 Hubert Rainer, Schober. „Arbeitermörder" und „Hort der Republik". Biographie eines Gestrigen, S. 61.

100 Dolezal Anton/Repis Carl, Von der Bertillonage zur modernen Kriminalistik, in: Öffentliche Sicherheit, Nr. 9, 1958.

101 Hubert Rainer, Schober. „Arbeitermörder" und „Hort der Republik". Biographie eines Gestrigen, S. 160.

102 Ebenda, S. 62.

103 NÖLA, Allg. Reg., Sign. XIV, VII-Zl. 1.235/1903 Polizeifotografische Apparat-Anschaffung.

104 Regener Susanne, Fotografische Erfassung. Zur Geschichte medialer Konstruktionen des Kriminellen, S. 185-188.

105 Ebenda, S. 185.

106 Gross Hans, Die Ausbildung des praktischen Juristen, in: Zeitschrift für die gesamte Strafrechtswissenschaft, 1894, Ebenda, Das Kriminalmuseum in Graz., 1894.

107 Amtsvortrag 14.1.1950, Archiv der BPD Wien, Karton Polizeimuseum 1989.

108 Organisationsstatut des Polizeimuseums der Wiener Polizeidirektion. Archiv der BPD Wien, Karton Polizeimuseum 1898.

109 Diese Arbeiten finden sich teilweise im Original im Bestand des Archivs der BPD Wien, Karton Jubiläumsausstellung 1898.

110 Darunter finden sich zirka 500 Portraits von Polizeibeamten aus den Jahren 1890 bis in die NS-Zeit. Daneben eine Portraitserie Wiener Sicherheitsbeamter.

111 Der Bestand „Alt Wien" umfasst zirka 700 bis 800 Aufnahmen aus der Zeit um 1900.

112 Organisationsstatut des Polizeimuseums der Wiener

Polizeidirektion. Archiv der BPD Wien, Karton Polizeimuseum 1898.

113 Die Entwicklung des Wiener Polizeimuseums von 1898 bis in die Gegenwart ist durch einen umfangreichen Archivbestand im Archiv der BPD Wien dokumentiert.

114 Jubiläums-Ausstellung Wien 1898. Officieller Katalog. Hrsg. von der Ausstellungs-Commission, Wien 1898, S. 425.

115 Paul Friedrich, Die Kollektivausstellung der Polizeibehörden auf der Städteausstellung in Dresden, in: Archiv für Kriminal-Anthropologie und Kriminalistik, 1903, S. 314ff.

116 Wiener Mitteilungen, 1909, S. 509 f.

117 Die erste Ausstellung der Lichtbildnersektion der Polizei-Sportvereinigung fand 1936 statt, vgl. Photo- und Kino-Sport, 1937, S. 6; die zweite Ausstellung folgte im Jänner 1938, vgl. Wiener Polizei-Sport-Vereinigung, in: Nachrichten des Verbandes österreichischer Amateurphotographen-Vereine, Februar 1938, S. 4.

118 Organisationsstatut des Polizeimuseums der Wiener Polizeidirektion. Archiv der BPD Wien, Karton Polizeimuseum 1898.

119 Ebenda.

120 NLÖA, Allg. Reg., Sign. H1, Dep. VII, Zl. 52.928/1902; weiter: Arbeiter-Zeitung, 22. Mai 1902.

121 Lechner's Mittheilungen aus dem Gebiet der Literatur und Kunst, der Photographie und Kartographie, 1898, S. 122-123.

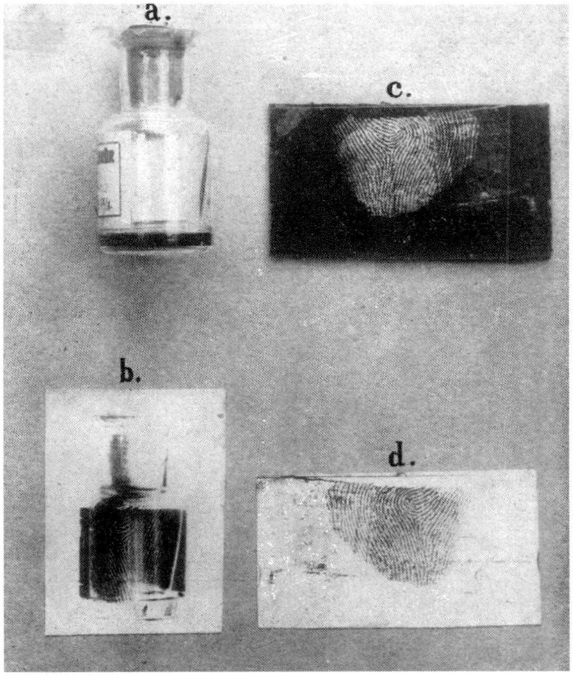

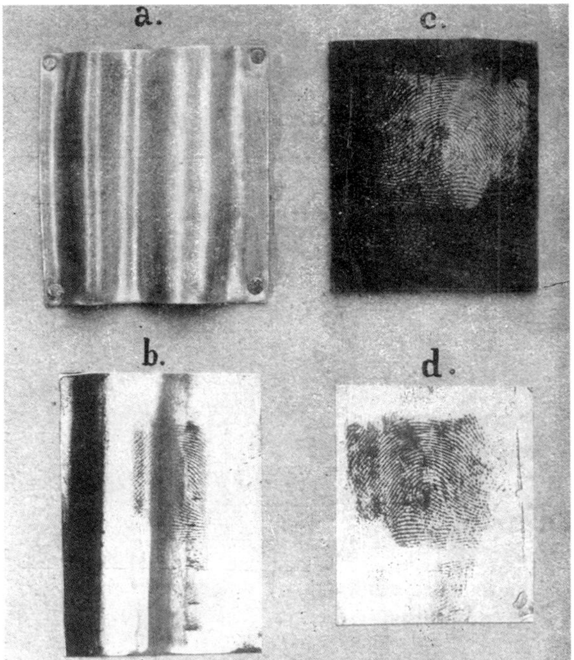

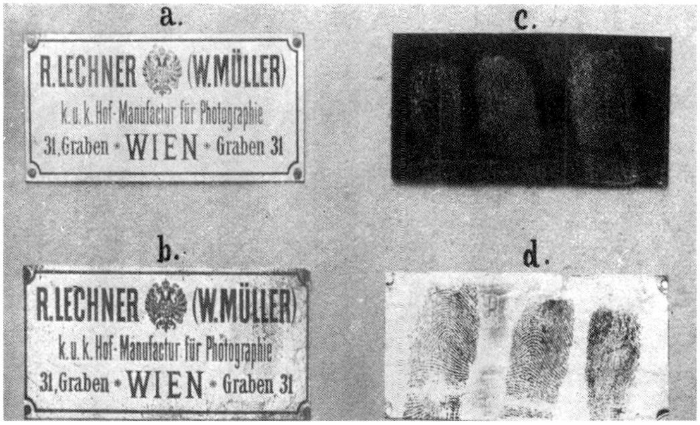

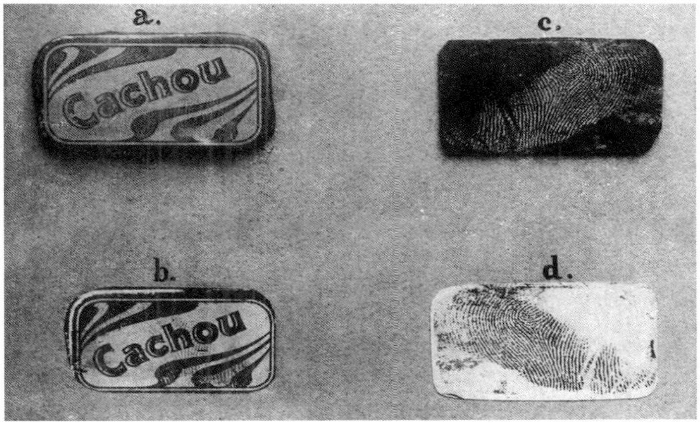

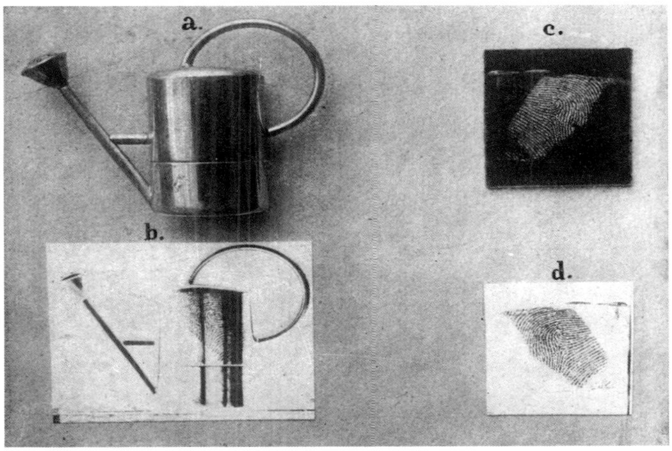

Aufnahme von Fingerabdruckspuren mit Hilfe einer vom Wiener Polizeifotografen Rudolf Schneider entwickelten Folie.

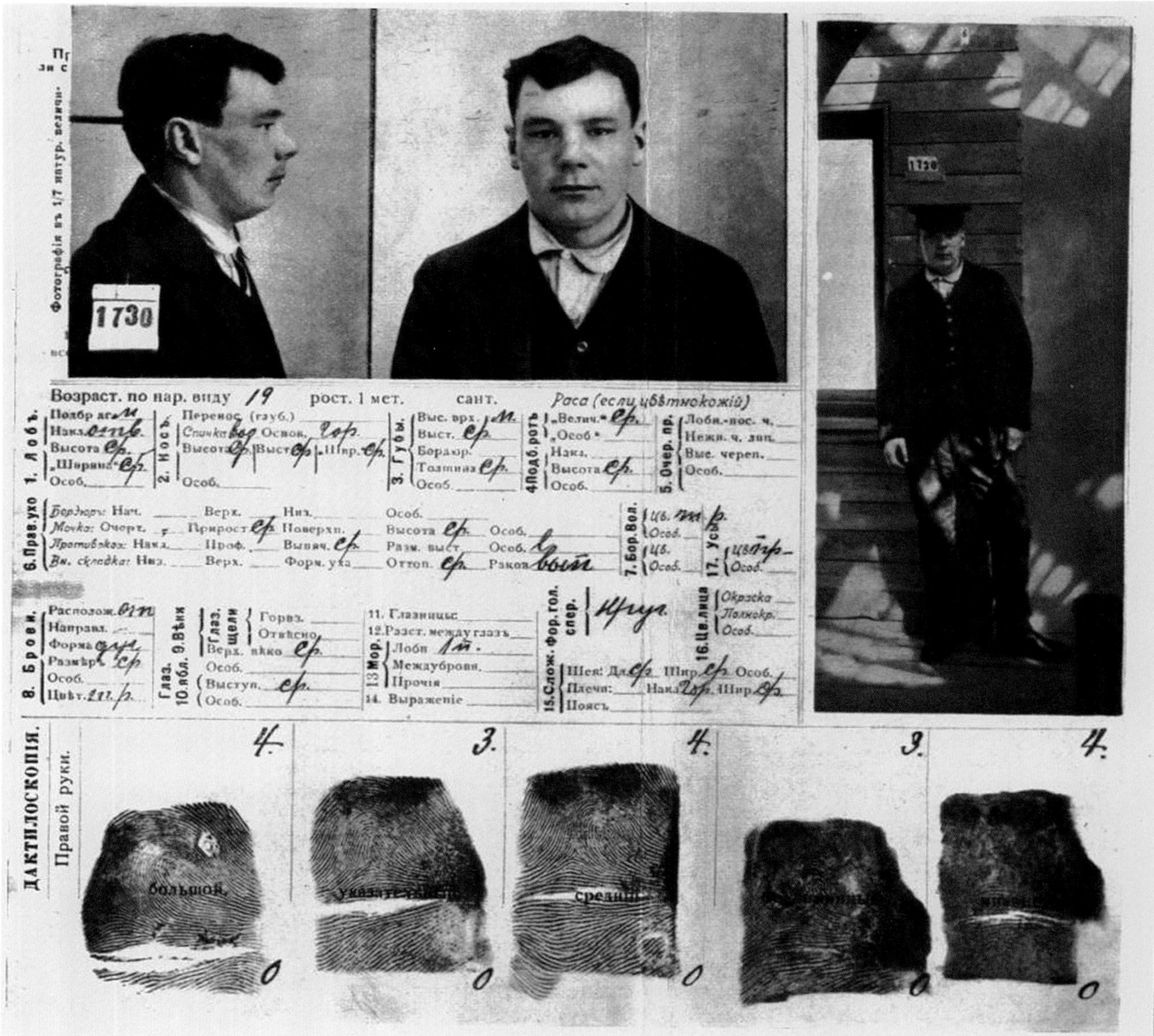
Фотографія въ 1/7 натур. величи-

1730

Возраст. по нар. виду 19 рост. 1 мет. сант. Раса (если цвѣтнокожій)

1. Лобъ. Подбр. дг. м; Накл. отв.; Высота ср.; Ширина ср.; Особ.

2. Носъ. Перенос (глуб.); Спинка вог. Основ. гор.; Высота ср. Выст. ср. Шир. ср.; Особ.

3. Губы. Выс. врх. м; Выст. ср.; Бордюр.; Толщина ср.; Особ.

4. Подбородокъ. „Велич." ср.; „Особ."; Накл.; Высота ср.; Особ.

5. Очер. пр. Лобн.-пос. ч.; Нежн. ч. лип.; Выс. череп.; Особ.

6. Прав. ухо. Бордюр: Нач. Верх. Низ. Особ.; Мочка: Очерт. Прирост ср. Поверхн. Высота ср. Особ.; Противокоз: Накл. Проф. Выпяч. ср. Разм. выст. Особ.; Вн. складка: Низ. Верх. Форм. ула Оттоп. ср. Раков. выт

7. Бор. Вол. цв. т. р.; Особ.; цв.; Особ.

17. Усы. цв. т. р.; Особ.

8. Брови. Располож. отт; Направл.; Форма дуг.; Размѣръ ср.; Особ.; Цвѣт. т. р.

9. Вѣки. 10. Глаз. ябл. Глаз. щели: Горвз.; Отвѣсно; Верх. вѣко ср.; Особ.; Выступ. ср.; Особ.

11. Глазницы. 12. Разст. между глазъ. 13. Мор. Лобн. 1 т.; Междубровн.; Прочія. 14. Выраженіе

15. Слож. Фор. гол. спер. круг.; Шея: Дл. ср. Шир. ср. Особ.; Плечи: Накл. гор. Шир. ср.; Поясъ

16. Цв. лица. Окраска; Полнокр.; Особ.

ДАКТИЛОСКОПІЯ. Правой руки.

4.	3.	4.	3.	4.
большой.	указательный	средній		
0	0	0	0	0

Signalmentkarte der russischen Polizei.

Einbruch beim Wiener Juwelier Gottlieb Skakalik (9. Bezirk Universitätsstrasse 4) aufgenommen am 3. 3. 1900

Portraitaufnahme vom Anarchisten Josef Peukert. Peukert verließ nach der Verhängung des Ausnahmezustandes 1884 Österreich und ging im März nach England, wo dieses Foto am 28. Juni 1884 entstand. Das Foto befindet sich in einem Polizeiakt der Polizeidirektion Wien.

Französischer Anarchist Anton Marin Cyvoct. Aufgenommen wahrscheinlich 1883 in Lyon. Zur Fahndung an die Wiener Polizei geschickt.

Die Gräber der von den Anarchisten Hermann Stellmacher und Anton Kammerer getöteten Polizisten Ferdinand Blöch und Franz Hluber am Floridsdorfer Friedhof.

Die Stelle am Mühlschüttel, wo der Polizeiagent Blöch von Hermann Stellmacher erschossen wurde.

Anarchisten in Wien:
Am 15. 12. 1883 wurde der Polizeikonzipist Franz Hlubek am Heimweg von einer Arbeiterversammlung vom Anarchisten Anton Kammerer erschossen, am 25. 1. 1884 der Floridsdorfer Polizeiagent Ferdinand Blöch durch Hermann Stellmacher, der am 10. 1. den Wechselstubenbesitzer Eisert beraubt und ermordet hatte. Stellmacher wurde noch auf der Flucht vom Tatort, Kammerer am 29. 2. 1884 in einem Kaffeehaus in Neubau verhaftet. Beide wurden zum Tod verurteilt.

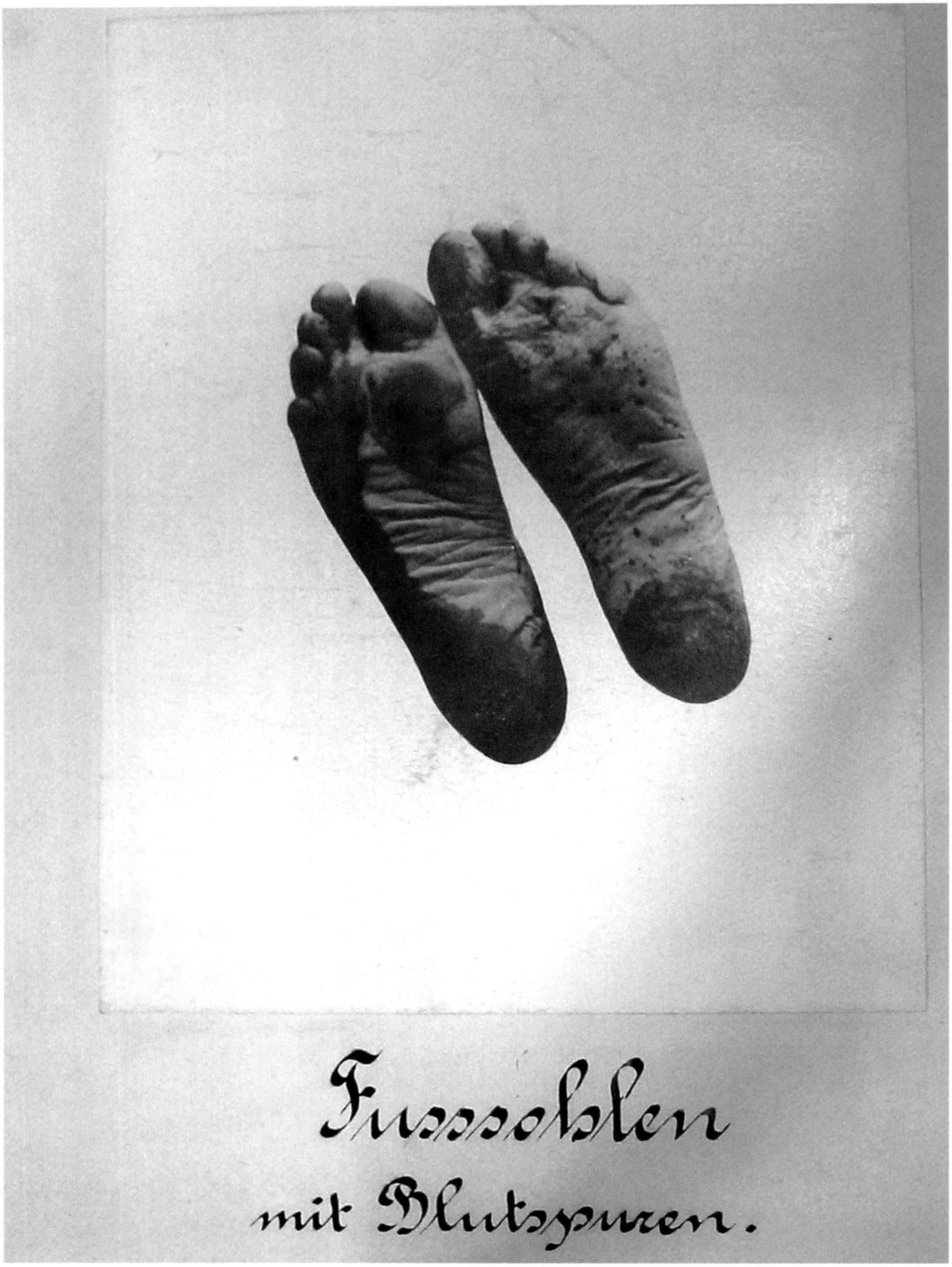

Die Blutspuren auf den Fußsohlen der Toten bewiesen, dass Höfer im Stehen gewürgt und erstochen worden sein musste und dann erst im Bett verstümmelt wurde.

Tatort:
Am 26. 12. 1898 war die 41 jährige Prostituierte Franziska Höfer in ihrer kleinen Wohnung in Ottakring, Haymerlegasse 7 ermordet worden. Ihre Schwester fand die nackte, schwer verstümmelte Leiche am nächsten Tag. Obwohl 3 Tage später die Strümpfe, Ohrgehänge und Schuhe des Opfers in einem Kanal in Hernals gefunden wurden, blieb der Täter unbekannt. Hatte Jack the Ripper Wien besucht?

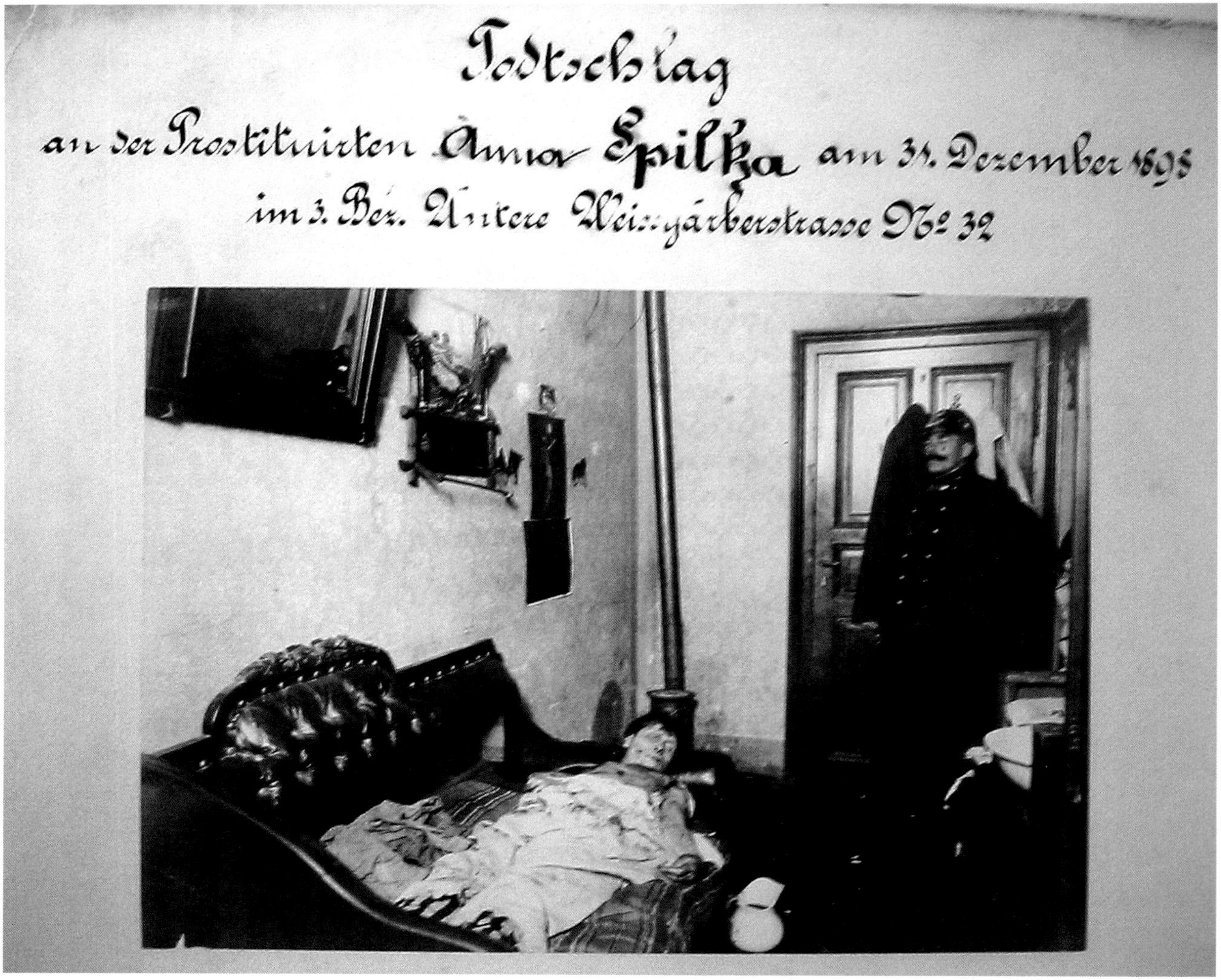

Tatort:
Nur fünf Tage nach dem Mord an Franziska Höfer ein weiterer Prostituierten-Mord: Am 31. 12. 1898 wurde die 32jährige Anna Spilka in ihrem Kabinett in der Unteren Weißgerberstraße 32 erstochen gefunden. Ihre Mitbewohnerin Anna Dittmann war dem flüchtenden Mörder im Hausflur begegnet. Täter war der 21jährige Fleischselchergehilfe Simon Sosztarich.

Tatort-Skizze: Zeichnung
von Dr. Emil Pilz.

Raubmord an Anna Wlzek.
Am 14. 2. 1898 ermordete und beraubte Johann Mayer die Frau seines Chefs.

Links der Tatort, der Hof im Haus Stumpergasse 23.

Unten: das Opfer vor der Obduktion im Gerichtsmedizinischen Institut.

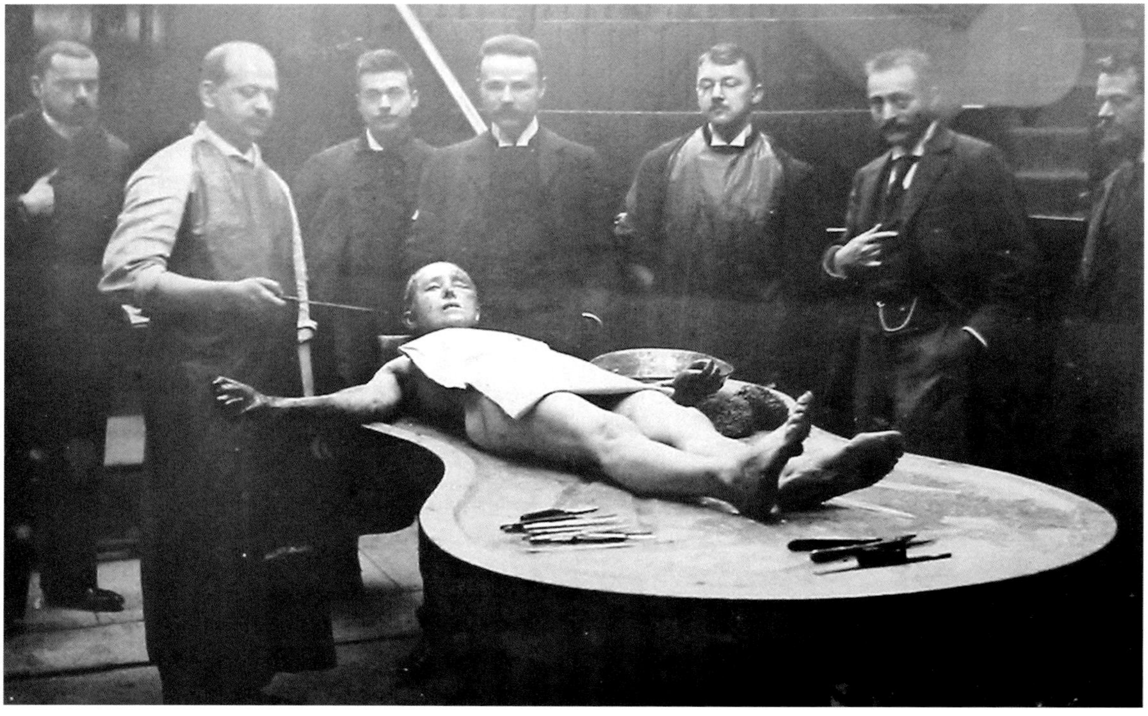

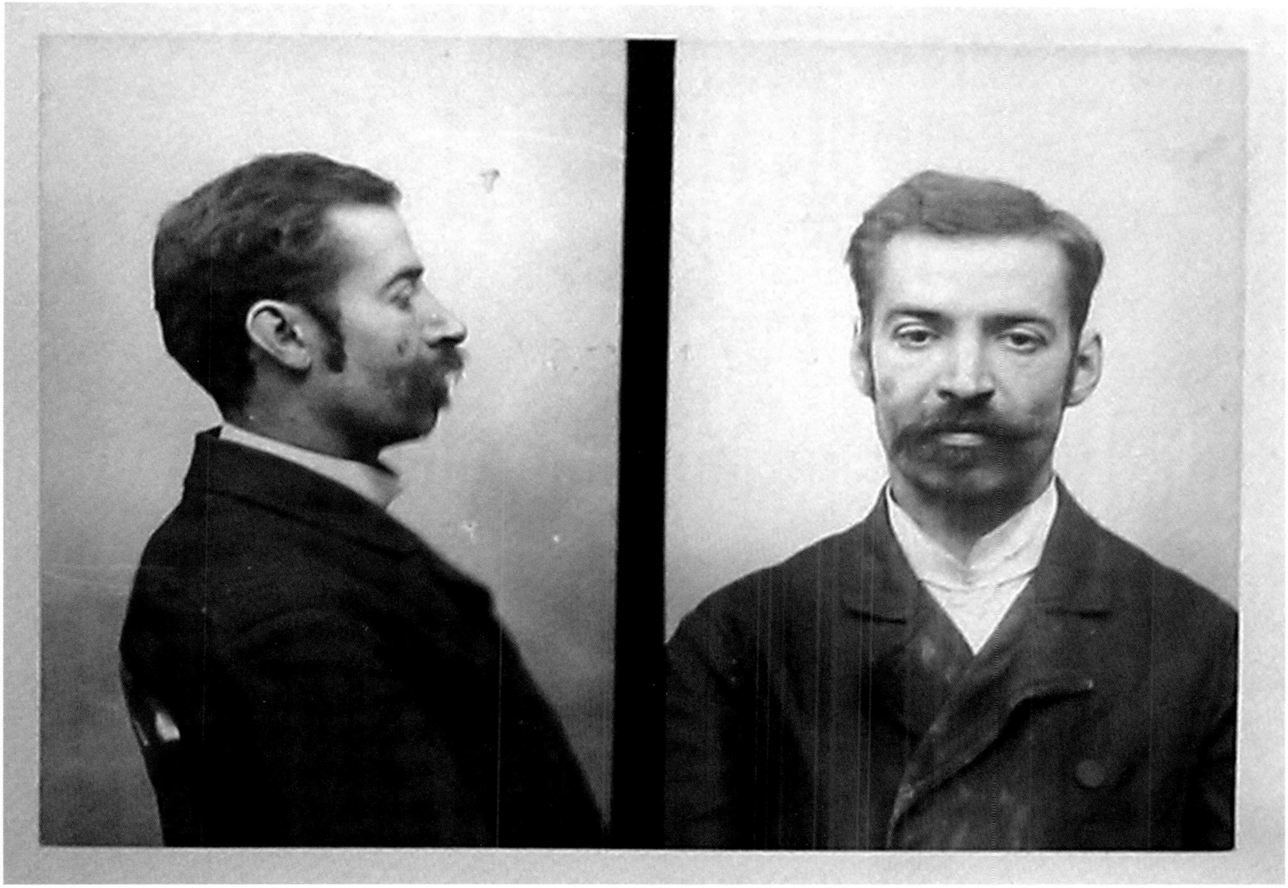

Fahndungsfoto: Johann Mayer
wegen Raubmordes an Anna Mesch (irrtümlich für Anna Wlzek?), um 1895

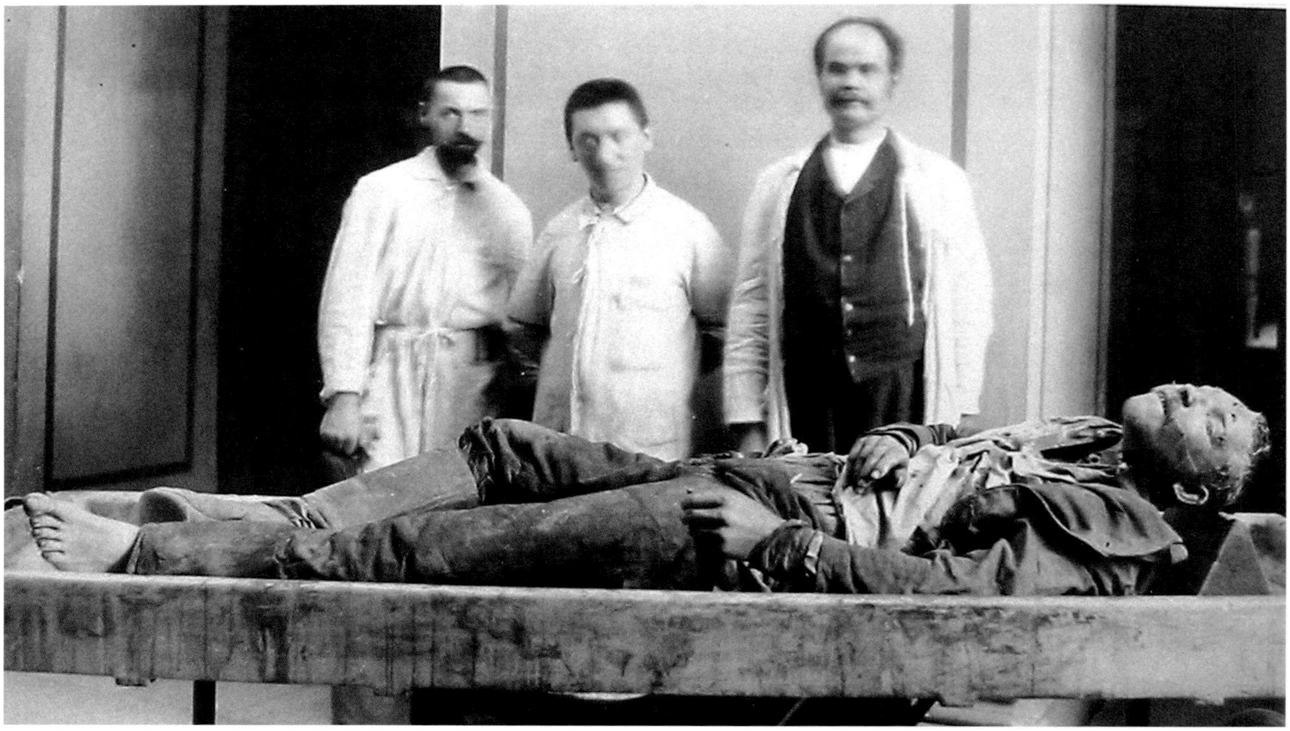

Der Taglöhner Thomas Brabenec aus Mähren, erst seit kurzem in Wien beschäftigt, wurde am 8. 8. 1897 in einem Hohlweg am Laaerberg ermordet und beraubt. Dringend verdächtig war sein Arbeitskollege Karl Nicodym, bei dem auch die blutige Geldbörse des Opfers gefunden worden war, er wurde jedoch im Geschworenenprozess freigesprochen.
Das Mordopfer im Institut für Gerichtsmedizin.

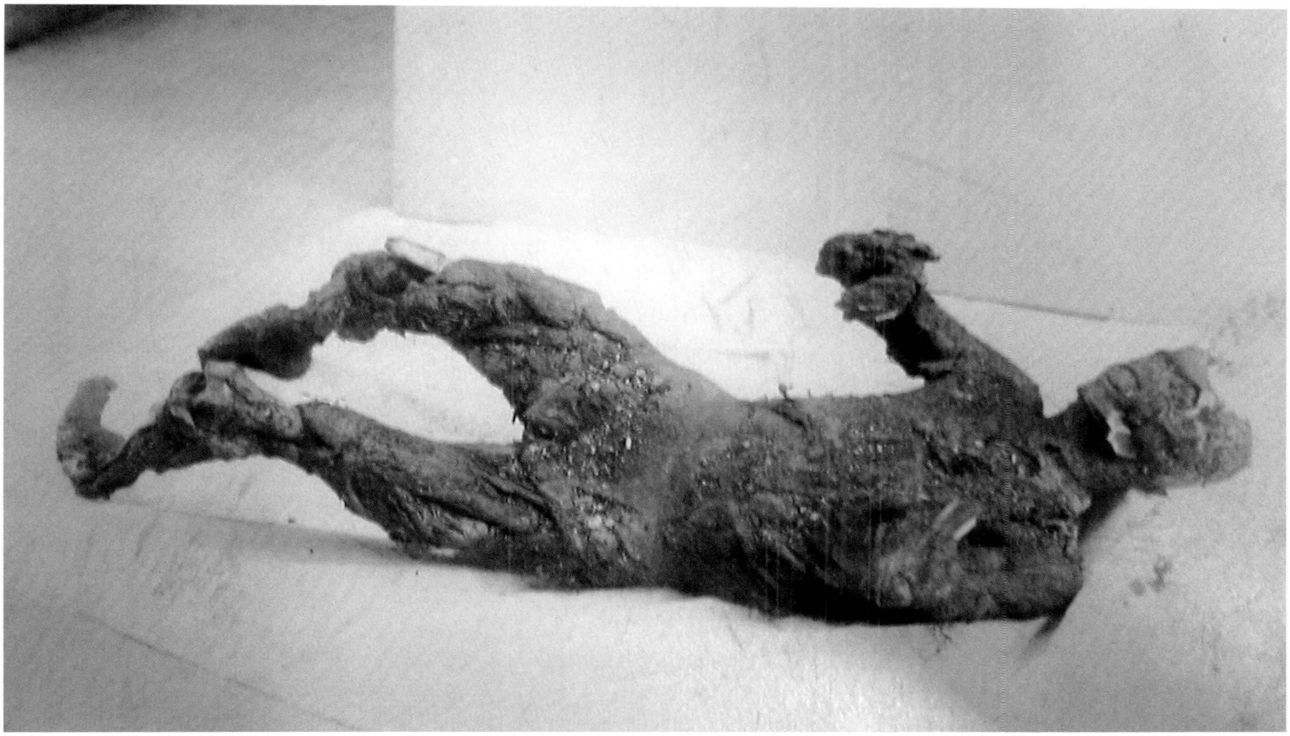

Opfer der Benzinexplosion in der Firma Boehm und Rosenthal, Erzeugung von Beleuchtungskörpern, Mühlgasse 4, 4. Bezirk, am 10. 5. 1899.

Linienwall in Gaudenzdorf (heute Gaudenzdorfer Gürtel), vor Anlage der Gürtelstraße, als Bandenschlupfwinkel berüchtigt. Aus dem Fotobestand „Alt-Wien“.

„Absturz einer Locomotive über einen gemauerten Damm in Heiligenstadt (Wiener Stadtbahn) am 6. Januar 1899“.

„Am 20. 2. 1928 geriet der von Heiligenstadt gegen Gersthof fahrende Lastzug Nr. 3895 infolge unrichtiger Weichenstellung auf ein Stockgeleise, überfuhr den Prellbock und stürzte mit der Maschine über die 10 Meter hohe Böschung auf die Gunoldstraße ab.“

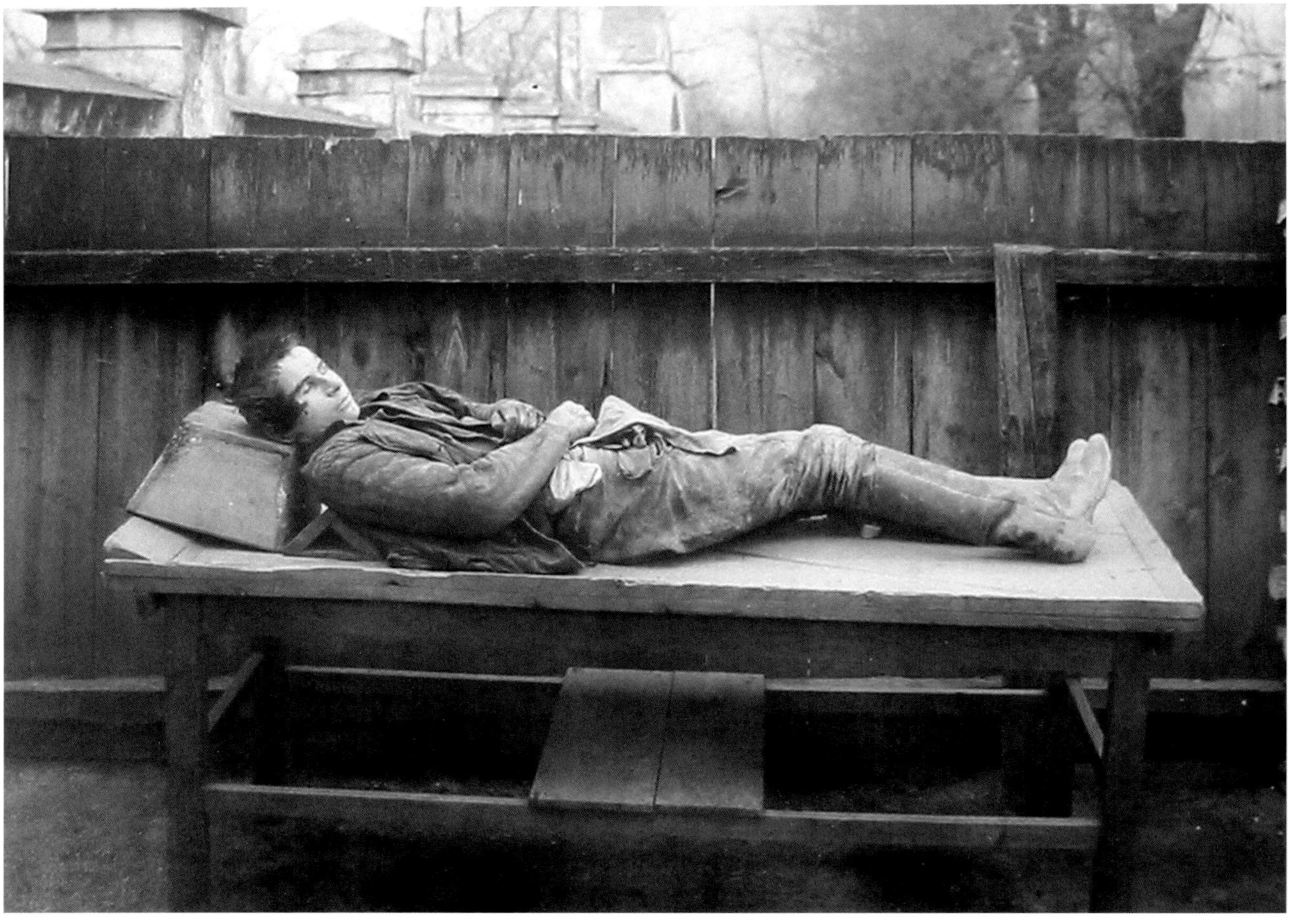

Raubmord an Johann Werderitsch in der Schwarzlackenau am 4. 11. 1897. Rekonstruktion der Lage der Leiche.

Tatort: Am 28. Dezember 1908 wurde der Juwelier Wilhelm Frankfurter in seiner Werkstatt am Laurenzerberg Nr. 12, Innere Stadt, beraubt und erschossen. Eine vage Spur zum flüchtigen Täter führte ins Ausland. Daher verschickte die Polizei eine Liste der geraubten Gegenstände. Mit Erfolg, am 16. 12. wurde der Täter, der 22 jährige Richard Henkel, in Berlin festgenommen.

Tatortaufnahme des Erkennungsamtes.

Der Wiener Scharfrichter Josef Lang (1855-1925), im Zivielberuf Cafétier in Simmering, hier als Hauptmann der Freiwilligen Feuerwehr.
Foto anonym, um 1910, auch als Postkarte zu kaufen.

Tatortaufnahme anlässlich des Lokalaugenscheins:
Der Jäger Josef Perwein war von seinem Pirschgang am 15. 10. 1912 ins Tennengebirge südlich von Salzburg nicht zurückgekommen. Ein halbes Jahr lang blieb sein Schicksal unbekannt, bis im März 1913 eine vom Vermissten geschriebene, in einen Baumstamm geklemmte Notiz gefunden wurde, die zu Täter und Opfer führte.
Lokalaugenschein 9. 9. 1913, von Rudolf v.Saar, Fundstelle des Opfers.

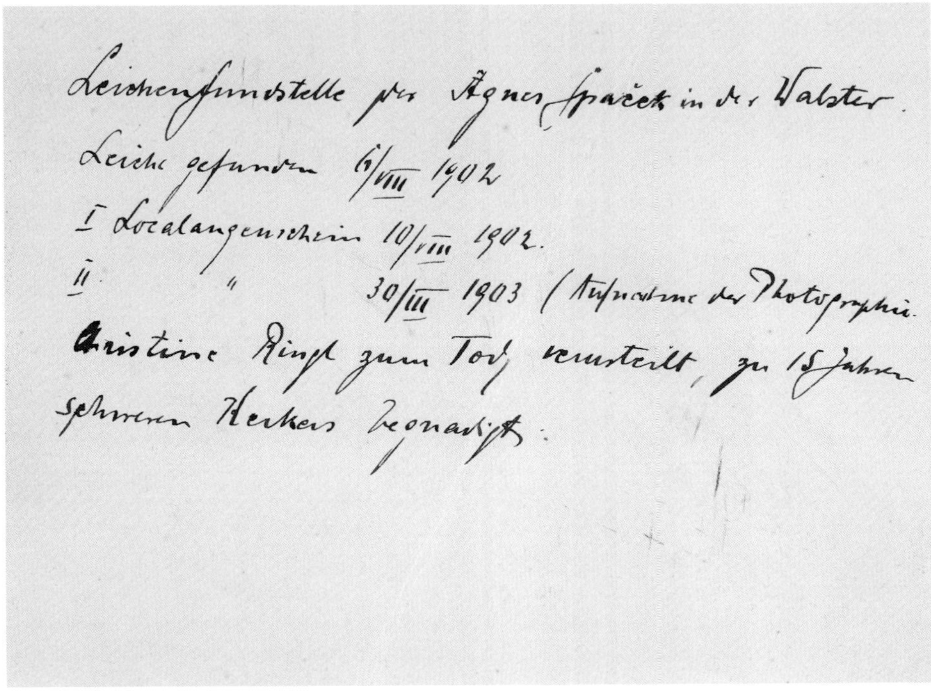

Leichenfundstelle der Agnes Spaček in der Walster.
Leiche gefunden 6/VIII 1902
I Localaugenschein 10/VIII 1902.
II " 30/III 1903 (Aufnahme der Photographie.
Christine Riegl zum Tod verurteilt, zu 15 Jahren
schweren Kerkers begnadigt.

Tatort: Mordfall Agnes Spacek.
Aufnahme anlässlich des
Lokalaugenscheins 30. 3. 1903.

Kommissar Zufall: Bei einem Einbruch im Haus Rittergasse 3 im 4. Bezirk sollte der einschlägig vorbestrafte Josef Honsa „Schmiere“ stehen. Gerade ließen sich die Wirtsleute vor Ihrem Lokal fotografieren, Honsa, der Herr ganz rechts aussen, stellte sich dazu, aus welchen Gründen immer, und die Polizei hatte später wenig Mühe, ihm die Anwesenheit am Tatort und die Mittäterschaft Nachzuweisen.

Wahlrechtsdemonstration im November 1905 vor dem Reichsrat in Wien

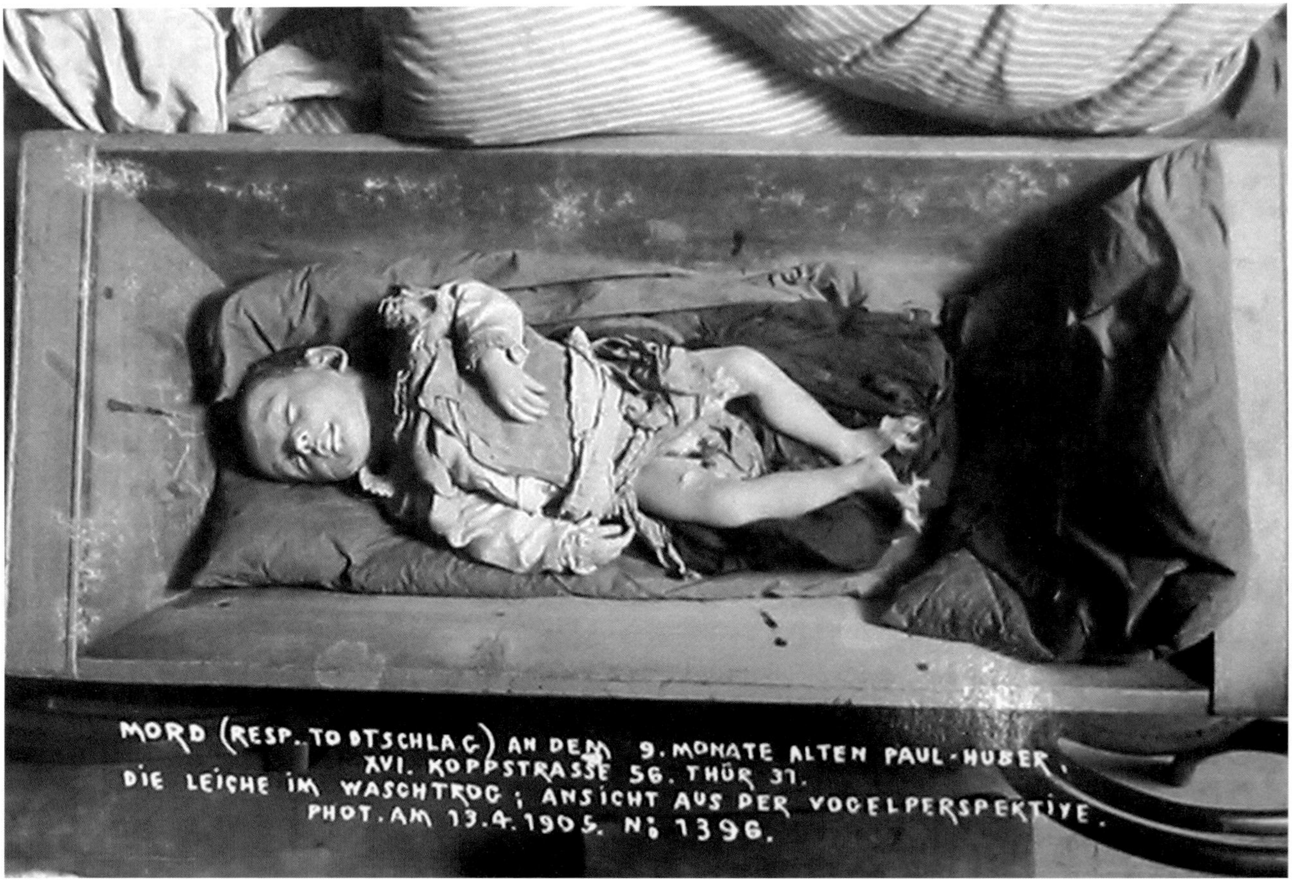

Tatortfoto des Erkennungsamts.

„Stelle, an der eine Mutter ihr Kind in den Donaukanal warf".

„Ottakringer Blutsonntag“
Demonstrationen gegen die Teuerungswelle, 13. September 1911.
Polizeikordon in der Teinfaltstraße,
Demonstranten vor dem Rathaus,
Begräbnis des Opfers Otto Proetzenberger..
Leichenzug mit 800 Teilnehmern in der Thaliastraße am Weg zum Ottakringer Friedhof.

Reiterattacke gegen die Demonstranten hinter dem Rathaus. 13. 9. 1911.

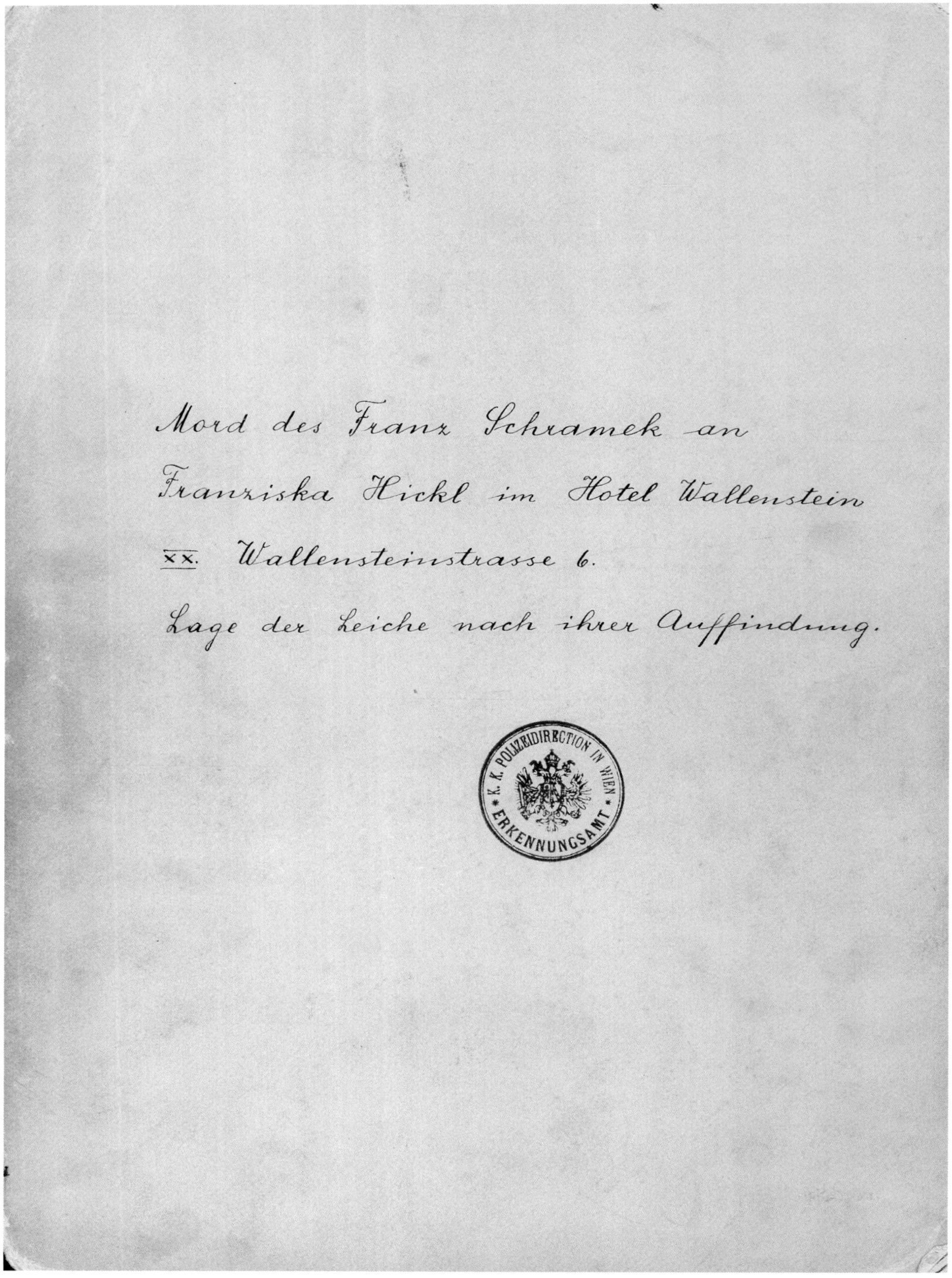
Mord des Franz Schramek an
Franziska Hickl im Hotel Wallenstein
XX. Wallensteinstrasse 6.
Lage der Leiche nach ihrer Auffindung.

K. K. POLIZEIDIRECTION IN WIEN * ERKENNUNGSAMT *

Undatierte Tatortaufnahme.

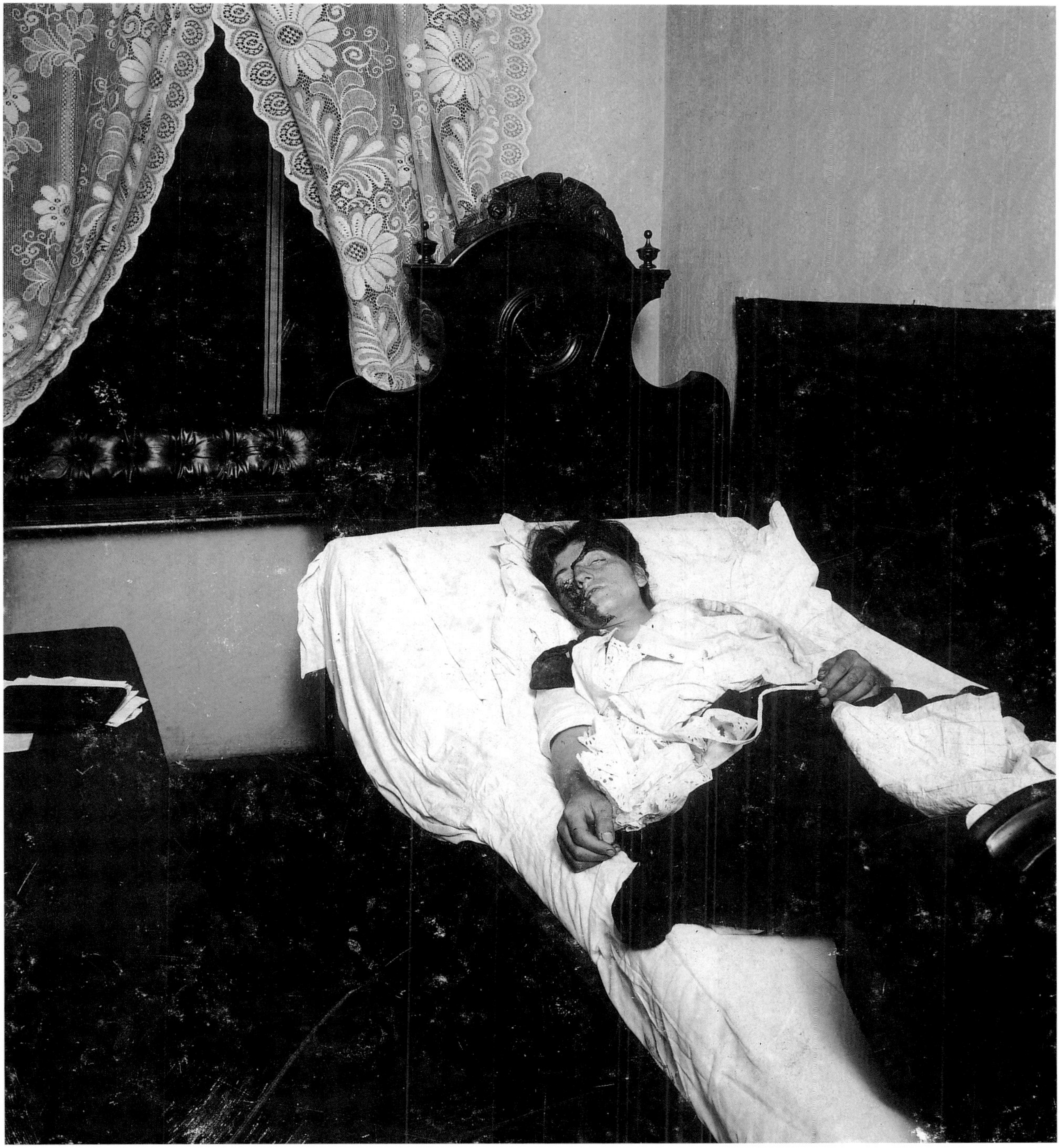

Am 11. 2. 1913 wurde der populäre sozialdemokratische Politiker Franz Schuhmeier von Paul Kunschak, einem Bruder des christlichsozialen Politikers Leopold Kunschak, erschossen, da ihm die Sozialdemokratie „leere Versprechungen“ gemacht hätte. Das Leichenbegängnis am 16. 2. durch die Thaliastraße zum Ottakringer Friedhof wurde, mit über einer Viertelmillion Teilnehmer, zu einer machtvollen Demonstration der Sozialdemokratie.

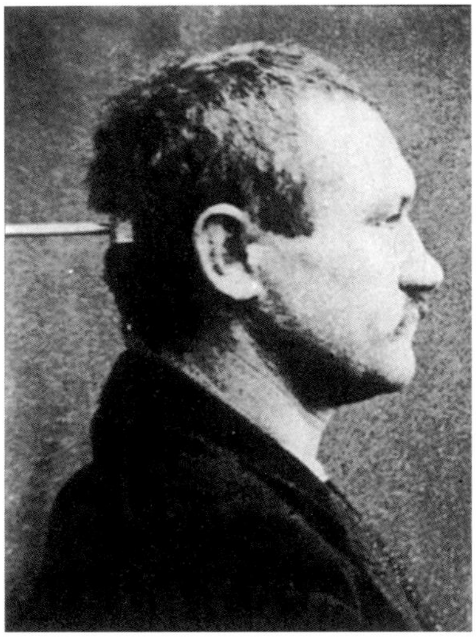

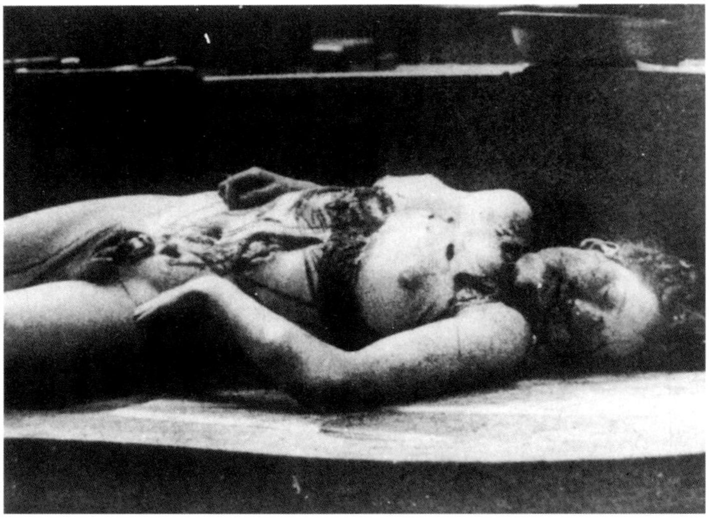

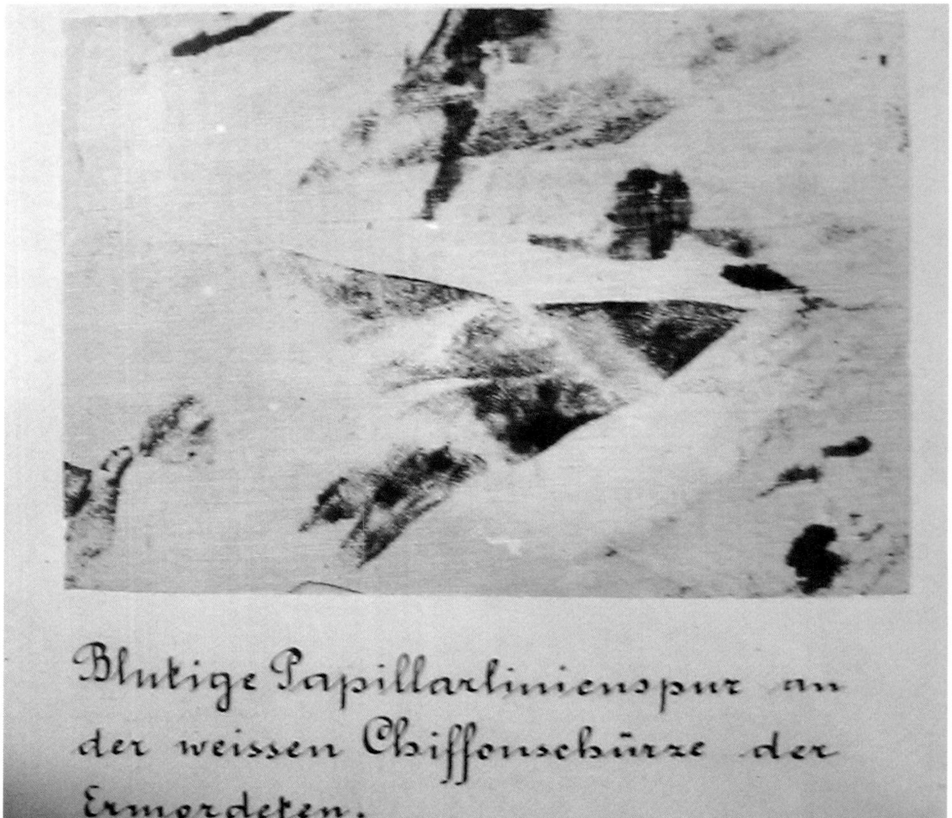

Passanten fanden am 14.Juli 1910 hinter dem Eingang zum Sportplatz des Cricket-Clubs im Prater die verstümmelte Leiche der 20jährigen Unterstandlosen Josefine Peer. Täter war der einschlägig vorbestrafte Zimmermann Christian Voigt. Als Frauenmörder Moosbrugger hat ihn Robert Musil in seinem Roman „Der Mann ohne Eigenschaften" auftreten lassen.

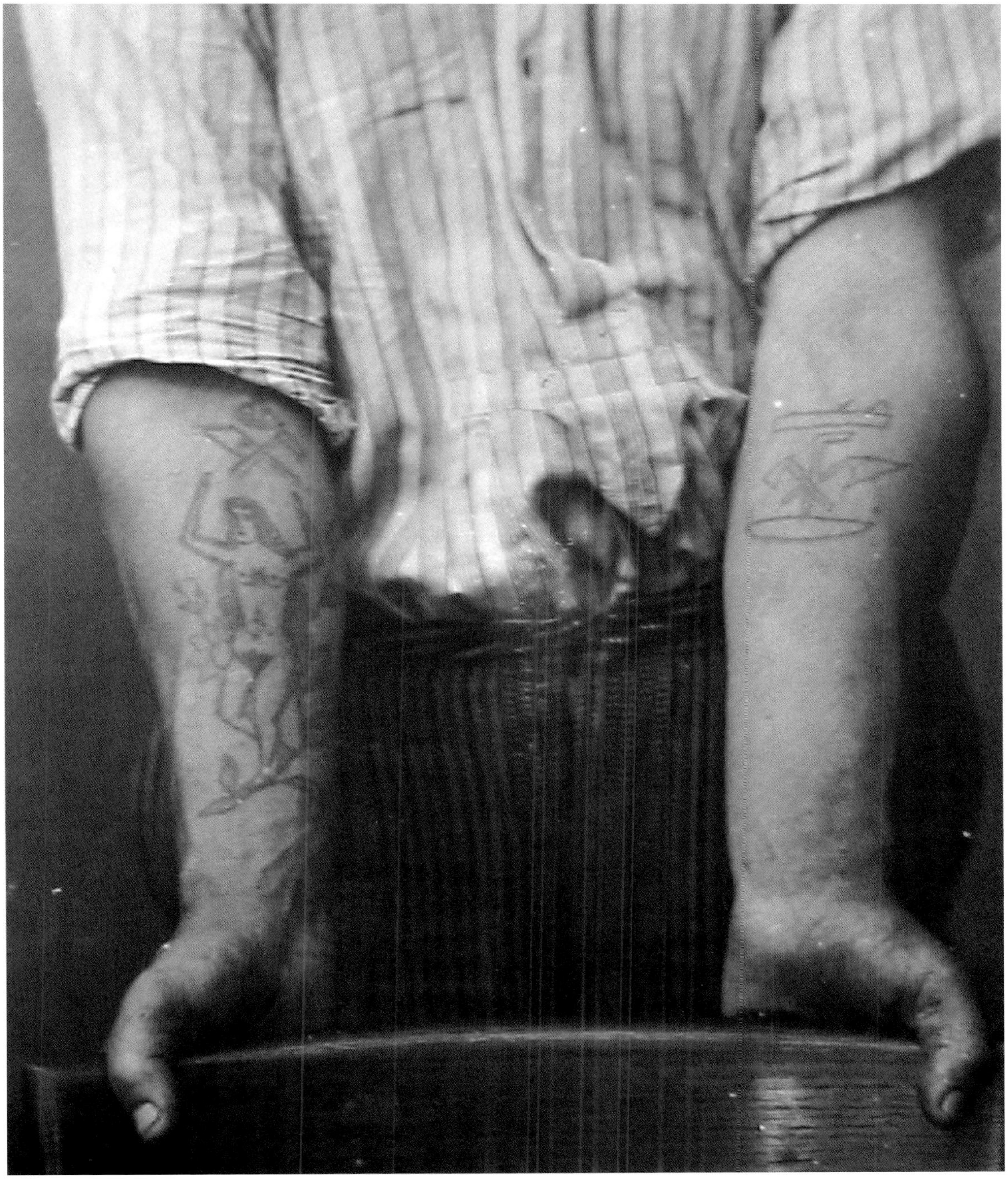

Die tätowierten Unterarme Christian Voigts.

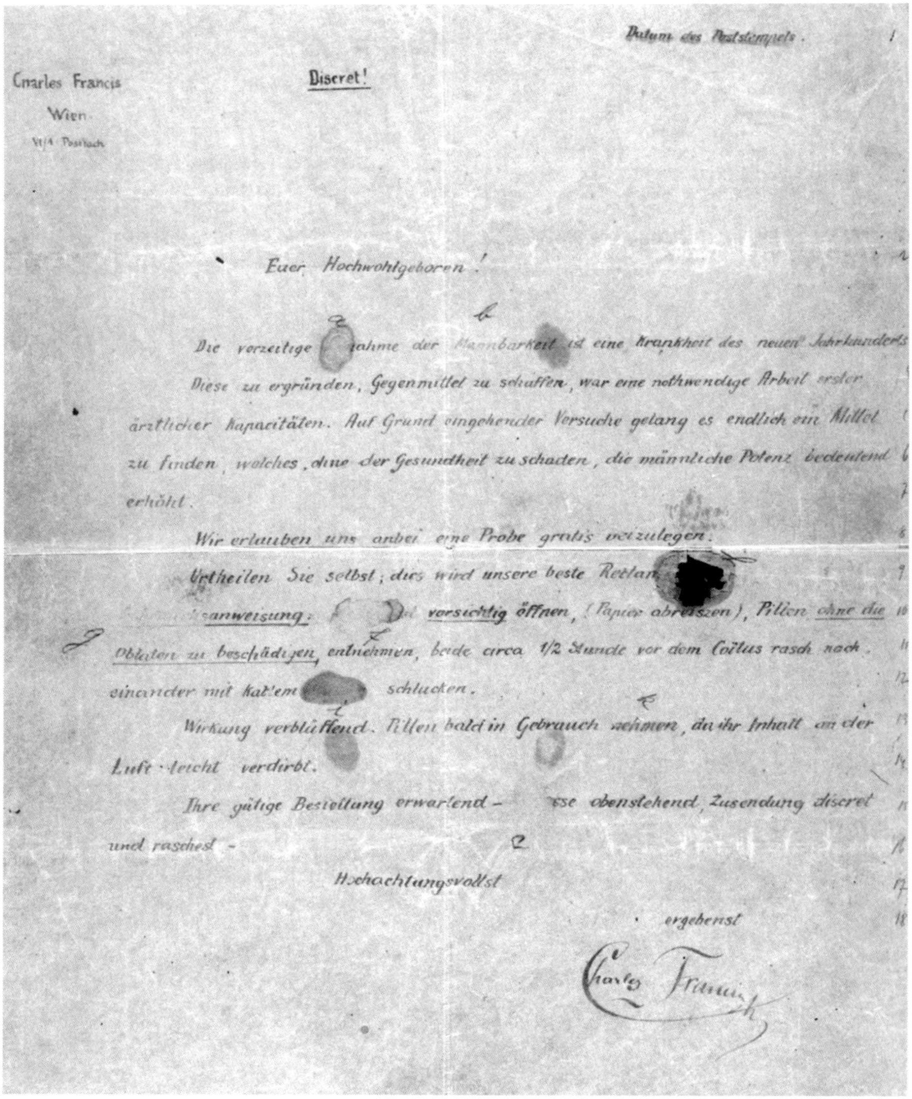

Datum des Poststempels.

Charles Francis
Wien.
VI/4. Postfach

Discret!

Euer Hochwohlgeboren!

Die vorzeitige [illegible]ahme der Mannbarkeit ist eine Krankheit des neuen Jahrhunderts. Diese zu ergründen, Gegenmittel zu schaffen, war eine nothwendige Arbeit erster ärztlicher Kapacitäten. Auf Grund eingehender Versuche gelang es endlich ein Mittel zu finden, welches, ohne der Gesundheit zu schaden, die männliche Potenz bedeutend erhöht.

Wir erlauben uns anbei eine Probe gratis beizulegen.

Urtheilen Sie selbst; dies wird unsere beste Reklam[illegible]

[illegible]anweisung: [illegible] vorsichtig öffnen, (Papier abreiszen), Pillen ohne die Oblaten zu beschädigen, entnehmen, beide circa 1/2 Stunde vor dem Coitus rasch nacheinander mit kaltem [illegible] schlucken.

Wirkung verblüffend. Pillen bald in Gebrauch nehmen, da ihr Inhalt an der Luft leicht verdirbt.

Ihre gütige Bestellung erwartend – [illegible]se obenstehend, Zusendung discret und raschest –

Hochachtungsvollst

ergebenst

Charles Francis

Eine Giftmordaffäre erschütterte die Monarchie: um in den ersehnten Generalstab aufrücken zu können, mussten erfolgreichere Vorgänger beseitigt werden. Hauptmann Adolf Hofrichter versuchte dies, indem er Giftpillen „zur Stärkung der Manneskraft“ verschickte, mit dem fingierten Absender Charles Francis versehen. Ein Kamerad kostete davon und starb daran. Das Militärgericht verurteilte am 25. 5. 1910 Hofrichter zum Tod, später wurde er zu lebenslanger Haft begnadigt.

Demonstrationen der Deutschnationalen: Antitschechische Demonstration, undatiert, wahrscheinlich 14. 8. 1910.

Deutschnationale Demonstration am 31. 5. 1914 in Ottakring, Polizei inmitten von Demonstranten.

Menschenmenge nach der Verlautbarung der Ermordung des Thronfolgerpaares in Sarajevo (28. 6. 1914) vor dem Kriegsministerium am Ring.

Demonstranten nach der Ermordung des Thronfolgerpaares am Karmelitermarkt in der Leopoldstadt.

Lebensmittelverkauf auf der Straße (1914/15).

Frauen am Schwendermarkt

Schwendermarkt, Rudolfsheim 1914/15

Frauen wurden von der Polizei besonders „überwacht“, kam es doch im Zug der Preissteigerungen und zunehmenden Nahrungsmittelknappheit schon im Herbst 1914 auf den Märkten zu Unmutsäußerungen und später zu Hungerdemonstrationen und Selbsthilfeaktionen

Winter 1914/15.

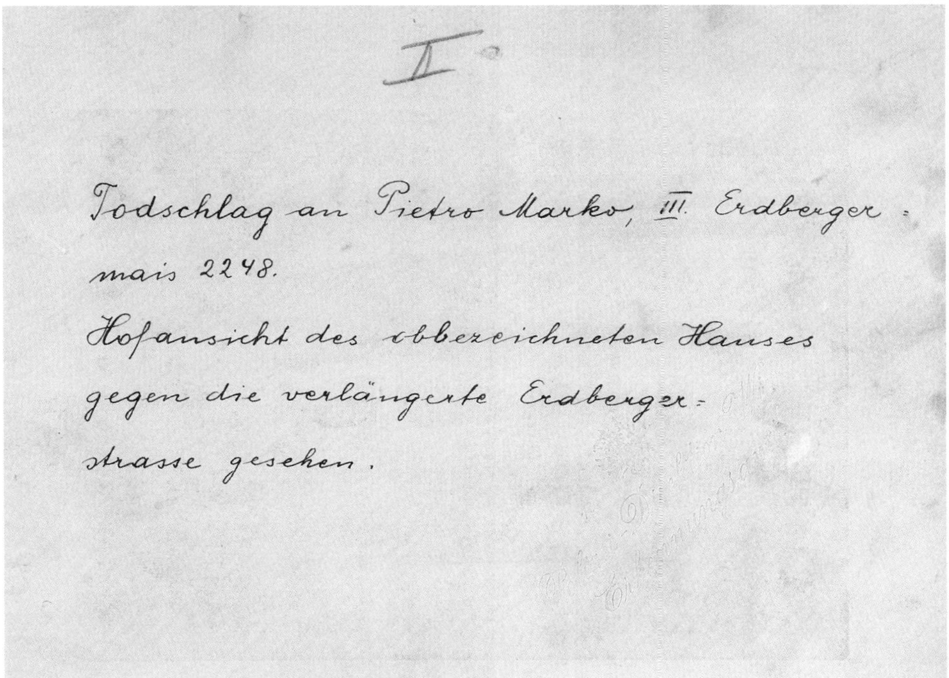

II

Todschlag an Pietro Marko, III. Erdberger=
mais 2248.
Hofansicht des obbezeichneten Hauses
gegen die verlängerte Erdberger=
strasse gesehen.

Tatortfoto, undatiert.

Die Anlaufstelle für ankommende jüdische Flüchtlinge in Wien. Die „Zentralstelle für Kriegsflüchtlinge aus Galizien und der Bukowina" im Ersten Weltkrieg, Leopoldstadt, Zirkusgasse

Galizische Flüchtlinge in der Leopoldstadt, Rembrandtstraße.

Galizische Flüchtlinge am Karmeliterplatz in der Leopoldstadt.

Demonstranten vor dem Parlament, 18. 2. 1919.

Plünderung des Café Kaisergarten am Burgring anlässlich einer Demonstration am 1. 12. 1919.

Unbezeichnete Aufnahme eines Unfallautos. Der Wagen, Typ Itala, wahrscheinlich HP 25, Baujahr 1907-10, war offenbar von hinten auf ein Pferdefuhrwerk aufgefahren.

Wiens ungekrönter Ein- und Ausbrecherkönig Johann Breitwieser. Seine erfolgreichen, immer unblutig inszenierten eigentumsfeindlichen Unternehmungen waren ebenso legendär wie seine Fähigkeiten, sich obrigkeitlicher Anhaltung zu entziehen. Erst infolge des Verrats durch eine Geliebte gelang es der Polizei, seine langjährige Karriere zu beenden. Bei der Flucht aus seinem Versteck in St.Andrä-Wördern (oben) wurde er tödlich verletzt.

Verkehrsdokumentation: Vor dem Zentralfriedhof, zu Allerseelen. Undatiert, um 1930.

Tramwayunfall.
Undatiert, um 1930.

Unfall am Neubaugürtel. Undatiert, um 1930.

Verkehrsunfall Kreuzung Nußdorfer –und Alserbachstraße, Sechsschimmelgasse. Ohne Datum.

Justizpalast, 27. Juli 1927. Demonstranten vor dem Haupteingang.

Justizpalast, 27. 7. 1927. Einschreiten der berittenen Sicherheitswache.

Justizpalast, 27. Juli 1927. Einsatz Berittener gegen die Demonstranten.

Justizpalast nach dem Brand, 27. Juli 1927.

Barrikade in der Lerchenfelderstraße nach der Räumung durch die Polizei während des Justizpalastbrandes.

Nationalratswahlkampf
des Polizeipräsidenten
Johannes Schober,
Oktober-November 1930.

Plakat affichiert am 17. 9. 1927.
Karl Kraus:"An den
Polizeipräsidenten von Wien,
Johann Schober: Ich fordere Sie
auf, abzutreten!"

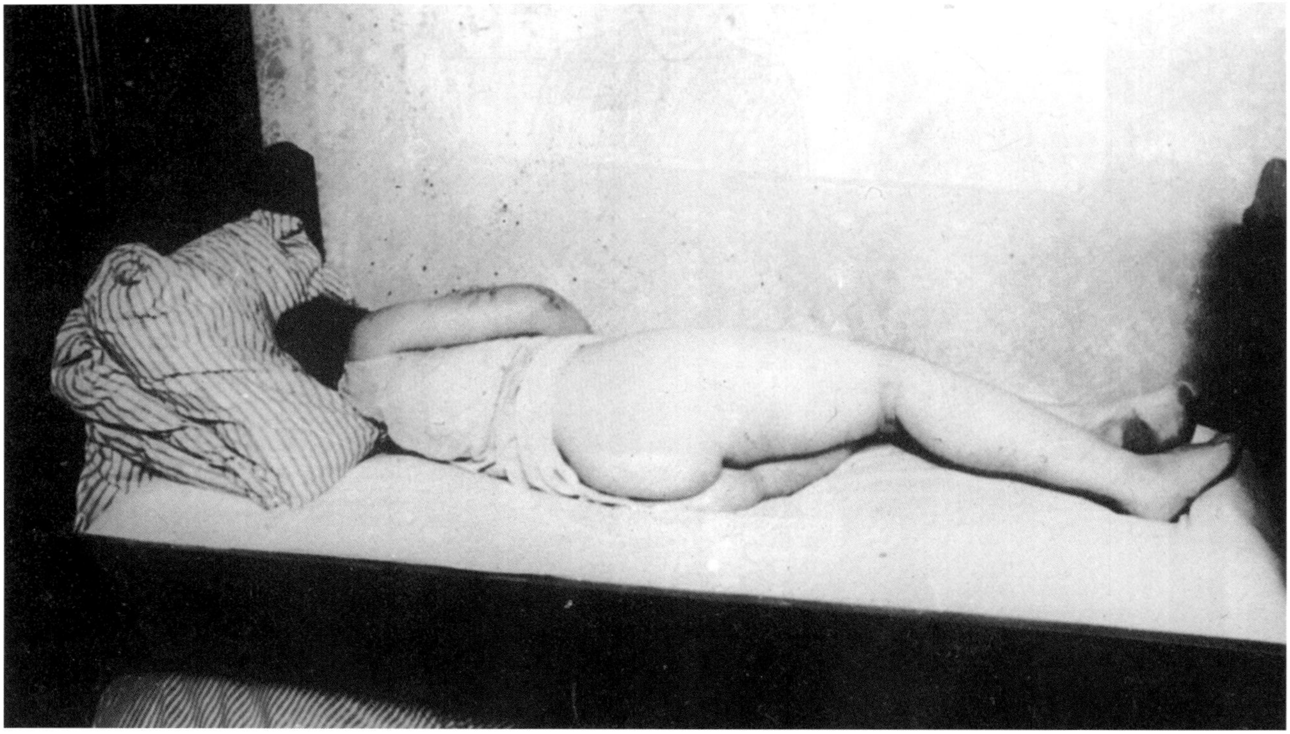

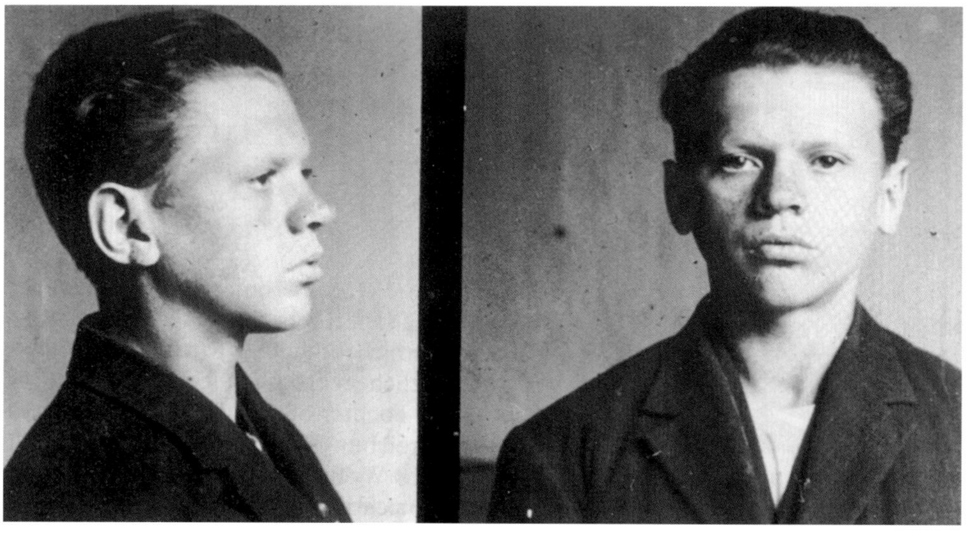

Der Lehrling Josef Oliva tötete am 17.Juli 1925 die bei seinem Meister, dem Bäcker Meißner in der Wilhelmstraße 15 in Meidling beschäftigte Dienstmagd Marie Freidl mit einer Hacke: aus Rache für ihre angeblichen Denunziationen.

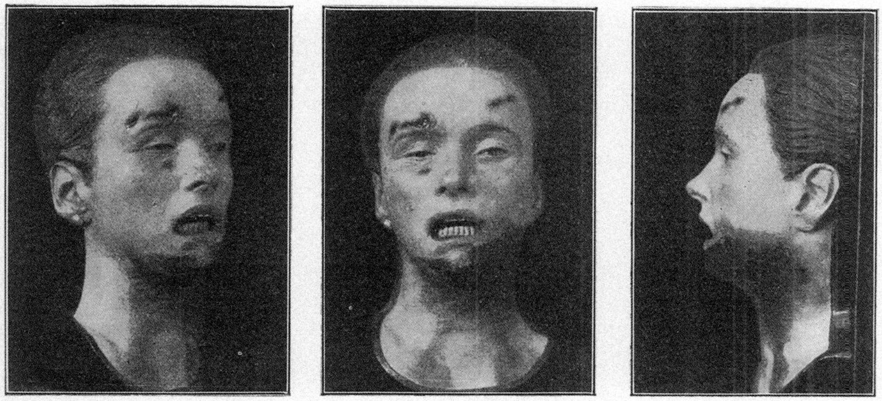

Die ermordete Katharina Fellner.
Die von der Leiche abgenommene Gesichtsmaske mit den Brandmalen.

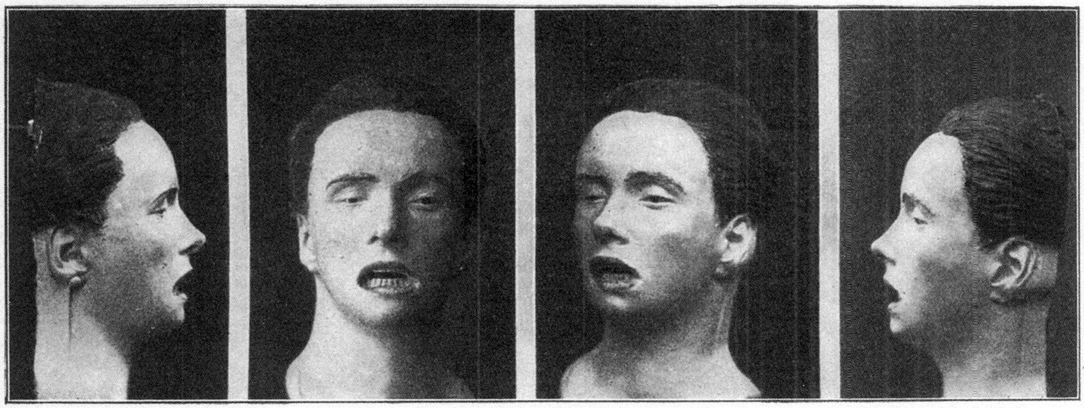

Die ermordete Katharina Fellner.
Die von der Leiche nach dem Moulageverfahren hergestellte Gesichtsmaske nach Wegretuschierung der Verbrennungsmerkmale

Am 17.Juli 1928 fanden Arbeiter im Lainzer Tiergarten eine tote junge Frau. Sie war erschossen worden und offenbar hatte der Täter versucht, sie durch Verbrennen unkenntlich zu machen, was ein starker Gewitterregen verhindert hatte. Zur Identifizierung fertigte der Erkennungsdienst eine Moulage des Gesichtes an. Zur Veröffentlichung wurden die Brandwunden retuschiert. Die Identifizierung gelang aber erst ein Jahr später anhand des Zahnschemas. Die Tote hieß Katharina Fellner, ihr Mörder Gustav Bauer, der jedoch von den Geschworenen im Prozess 1931 freigesprochen wurde.

Februar 1934. Arretierte aus Floridsdorfer Gemeindebauten werden abgeführt.

Februar 1934. Arretierte.

Durch ein Schrapnell getötete Schutzbündler vor dem F.A. C. Wohnbau, Februar 1934.

Wahlpropaganda der Nationalsozialisten zur Gemeinde - und Landtagswahl 24. 4. 1932.

Nationalsozialistische Studenten vor dem Haupteingang der Wiener Universität, 1932.

Kriminalkurrenden u. Kriminalberichte

„ERKENNUNGSZEICHEN"
Wien, I., Rockhgasse 4

Juni 1930

V. Abteilung
I. Gruppe
Nr. 78

Kriminalkurrende Nr. 78

K.-Nr. 5121

Reindl Eugen

Betrügereien mit verfälschten Interimsbestätigungen

Reindl Eugen, ehemaliger Offizier, später Bankbeamter, hat Interimsbestätigungen der *„A.-G. der Emmaillirwerke und Metallwaarenfabriken Austria, Wien"* und der *„Elbemühl Papierfabriken und graphische Industrie A.-G., Wien"*, die ursprünglich auf eine geringe Anzahl von Aktien lauteten, auf eine beträchtlich höhere Anzahl verfälscht.

Die Verfälschung wurde in der Weise durchgeführt, daß die ursprünglich handschriftlich mit Tinte eingesetzten Wertangaben auf chemischem Wege entfernt worden sind und an deren Stelle andere, bedeutend höher lautende Wertangaben gesetzt wurden.

Um den Absatz der verfälschten Interimsbestätigungen bemühte sich ein Komplize des Reindl Eugen, der angebliche Rittmeister Scholz, richtig Tyoler August, 1896 in Linz (Österreich) geboren. Tyoler wurde am 31. Mai 1930 in Wien verhaftet, während es dem Reindl gelang, zu flüchten. Reindl dürfte sich vermutlich in Frankreich aufhalten.

Siehe Lichtbild des Reindl Eugen (V. Abteilung, I. Gruppe, Nr. 78a).

Kriminalkurrenden u. Kriminalberichte

„ERKENNUNGSZEICHEN“
Wien, I., Rockhgasse 4

V. Abteilung
I. Gruppe
Nr. 78a

Juni 1930

Reindl Eugen

Siehe Kriminalkurrende Nr. 78 (V. Abteilung, I. Gruppe, Nr. 78).

Mag. Dr. Walter Mentzel, geb. 1965, lebt in Wien,
freiberuflicher Historiker, Forschungsschwerpunkte: Österreichische Zeitgeschichte, langjähriger Mitarbeiter bei Editionsprojekten der Österreichischen Gesellschaft für historische Quellenstudien im Österreichischen Staatsarchiv, Mitarbeiter am Projekt „Geraubte Bücher" – Provenienzforschung an der Universitätsbibliothek der Medizinischen Universität Wien, Mitgründer und Geschäftsführer des Vereins Netzwerk – Arbeitsgemeinschaft freiberuflicher Historiker/Innen u.a.